Die Betrachtung der Bilder im Detail
Nikolas Huperz

Impressum

Geschrieben von Nikolas Huperz,

geb. am 11.08.1987 in Attendorn.

Entstanden 2017 bis 2018.

Alle Rechte vorbehalten.

Copyright: © 2018 Nikolas Huperz

Herstellung und Verlag:

BoD – Books on Demand, Norderstedt

ISBN: 9783748131090

Inhalt

Die Rekonstruktion des Gefühls

I

Um mein Herz stehen Kräne.
Sie rekonstruieren
seit Tagen ein Gefühl.

Nun, da die Pläne fertig sind,
hämmert es in mir
— sie bauen.

Es donnert und kracht.

Sie fangen pünktlich an,
8 Uhr morgens,
auf die Sekunde genau.

Engpässe gibt es nicht.

Die Baustoffe kommen pünktlich.

Ein Schichtbetrieb ist in Planung.

II

Du liegst neben mir,
doch km-weit entfernt.

Ich versuche, mein Gefühl
mit dir zu rekonstruieren,
doch durch die Dunkelheit
kann ich gerade mal
deinen Rücken erkennen.

III

Am nächsten Morgen
wissen alle Bescheid.

Sie sehen mich an
und sie wissen es,
durchschauen mich
wie durch den Spiegel
eines Verhörraums.

Sehe ich zurück,
spiegelt es nur,
wirft mich zurück zu mir.

Ich sehe sie in der Straßenbahn
und sie sehen mich: Paranoia,
Panik, Schweiß auf der Stirn.
Plötzlich fühle ich mich klein.

Plötzliches Ende
– Kontrollverlust.

Straßenbahn
oder: Auf der anderen Seite des Fensters II

Auf der anderen Seite des Fensters
sehe ich vorbeirauschende Herbst-
landschaften – sorgfältig eingeteilt

nach der Beschaffenheit ihrer
Darstellung. Das Wetter ist: gut.

Die Autos überholen sich,
sich leicht schneller fort-
bewegend als ich, und
scheren (aus meiner
Perspektive) wag-
halsig wieder
ein. Alles
verläuft:
schnell.
Ich steige
aus und gehe
weiter – entdecke
eine umgestürzte und
zerbrochene Statue eines
Dichters. Die Luft riecht nach
Laub. Nächster Tag: Der Entschluss,

ein Motorrad zu kaufen und sich
irgendwo im Nirgendwo
ein neues Leben aufzubauen,
rückt immer näher.

Dritter Tag: Da, wo kaum jemand ist,

ist fortan mein Leben von morgen.

Die Ziele von gestern liegen
hinter Stacheldraht: Einbahnstraße.

Der Anruf

Er war schon seit Jahren
nicht mehr Herr seiner Sinne gewesen,
doch in diesem einen Augenblick,
in dem draußen ein Frühlingssturm tobte,
war ihm seine Sinnesabwesenheit
klarer denn je gewesen.

Nur wenige Stunden
vor dem Wettereinbruch hatte er
auf einen nicht erfolgenden Anruf gewartet.

Das war immer sein Problem gewesen:
dass er immer so lange auf Anrufe gewartet hat.

Er beschloss nun,
nie wieder auf Anrufe zu warten.

Durch die neugewonnene Zeit
konnte er dem Unwetter beiwohnen,
sah Dinge durch die Luft fliegen.

Das war wohl das Vernünftigste,
was er tun konnte.

Die Geräusche beim Abstellen
von Dingen II

Im Zentrum des Küchentischs
steht ein leeres,
vor kurzem abgestelltes Glas.

Beim Abstellen hat es
ein Geräusch gemacht,
das in der Stille verschwand,
als sich die Wellen verteilten.

Der Klang war in etwa so
wie in einem dieser
sehr nachdenklichen Filme,
in welchen lange Zeit nicht geredet wird
(Originalton).

Dieses Glas starrt mich an,
spiegeln kann ich mich nicht darin,
es ist einfach nur da,
stellt für mich
(pragmatisch gesehen)
kein Problem dar.

Ich hatte noch nichts eingefüllt,
hatte es nur abgestellt.

Jetzt steht es da
und ich denke darüber nach,
wie in diesen sehr nachdenklichen Filmen,
in denen manchmal
sehr lange nicht geredet wird.

Anthrazit

Auf einem grauen
Abstellplatz
(nahe der Strecke)
liegt Kies und Geröll
am Rand.

Plattgestampfte
Oberfläche
(straßenflächengleich),
hier und da ein
Baugerät zurück-
gelassen am Rand.

(Lagerflächenfunktion)

(Wolkenbrechen)

Ein Regentropfen
tropft das Grau
zu Anthrazit,
ein zweiter kommt dazu
und plötzlich – irgendwann –
ist das Grau verschwunden.

So bleibt (und das ist alles)
nur ein Platz mit nassem Werkzeug,
Kies und Geröll und
staubig-sandigem Matsch.

Ich fahre weiter, lasse die
verregnete Wüste hinter mir.

Der Regen macht den Staub zur Erde.

Mein Name ist Deutschland
oder: Deutschland II

Durch den Schleier meiner begrenzten
Aufmerksamkeit lebe ich im Zwiespalt.

Mein Name ist Deutschland,
ich bin nicht perfekt.

Ich bin unhöflich, aber pünktlich.
Ich bin fokussiert, aber zerstreut.

Irgendwo zwischen diesen Widersprüchen

liegt der Kern meines Wesens,
liegt der Gedanke an mich selbst,

meine Wahrnehmung,
mein Selbstwertgefühl.

Das ist es, was mich ausmacht,

was mich definiert,
was mich erschafft
und wieder zerstört.

Mein Name ist Deutschland,
ich zerstöre mich selbst und
baue mich wieder auf. Ich
schreie in den Spiegel und
vergebe mir selbst.

Mein Name ist Deutschland,
ich bin geisteskrank, aber
von Regeln gezeichnet.
Meine Interessen sind

nüchtern
kalt,
eigentümlich,
von außen
schwer zu verstehen.

Mein Name ist Deutschland,
ich find mich selber gut,
erhebe mich, verwandle mich
wieder und wieder.

Es verleiht mir Macht und Stärke,
ich vergebe, doch vergesse nicht,
ich habe ausgedruckte Fotografien
von meinen Nachbarn an meiner
Wand um einen Spiegel herumgeklebt.

Mein Name ist Deutschland,

ich bin
ein Stalker,
ein Kontrolleur,
ein Biedermann,
ein Durchschnittstyp,
vor dem man sich fürchten sollte.

Mein Name ist Deutschland,
mein Ziel ist es, sich auszudehnen.

So strecke ich meine Tentakel aus und
sauge andere Länder aus. So trage ich
die Tragödie in die Welt. So verbreite
ich die nordische Kälte, die mich selbst

umgibt,

Pünktlichkeit,
Ordnung,
Fleiß,
Zuverlässigkeit,
Ausdauer,
Disziplin,
Beharrlichkeit.

Mein Name ist Deutschland.

Wenn du einen Fehler machst,
werde ich dich verbessern.
Wenn du nicht korrekt bist,
werde ich dich korrigieren.
Wenn du nicht pünktlich bist,
werde ich es dich spüren lassen.

Dabei werde ich unfreundlich sein,
kalt und distanziert,

werde dir nur in die Augen schauen,
um die Stärke zu demonstrieren,
die sich auch in meinem Händedruck
und meiner Rhetorik zeigt.
Diese Stärke ist meine Tugend,
mein Eldorado, das,
was den Rest der Welt erzittern lässt.
Meine niemals ausgesprochene Weisheit lautet:

Du musst selbst das Monster sein.
So gehst du niemals unter. Meine
nie ausgesprochene Reue ist ein
Indiz für Psychopathie.

Mein Name ist Deutschland.
Ich vergebe mir selbst, das ist genug.
Meine zahlreichen Sprüche,
Weisheiten und Sprichwörter
widersprechen sich und können
von mir nach Belieben
zurechtgelegt werden.
So mache ich mir die Welt,
wie sie mir am dienlichsten ist.
Das ist nicht nur Strategie,
das ist ein Lebensweg.

The German Way of Life.

Mein Name ist Deutschland,
ich bin ein Mirdieweltzurechtleger.

Mein Name ist Deutschland
und du kannst mich nicht ändern.
Denn durch den Schleier
meiner begrenzten Aufmerksamkeit
schaffe ich Kultur, konzentriere mich
auf das eine und ignoriere das andere,
so ist alles nur das Ergebnis
meiner subjektiven Auswahl,
meiner Hybris, meines Verstands.

Mein Name ist Deutschland,
ich find mich selber gut.

Lethargie

Jetzt quietschen all die Möbel
und lassen dich nicht schlafen,

Darling.

Dein innerer Schweinehund
krault sich selbst den Bauch
und schlawinert am Morgen
durch die Küche, während du

Kaffee schlürfst,
die Brote schmierst,
die Schuhe schnürst,

seit Jahren schon.

Immer-gleicher Arbeitsweg,
immer-gleiche U-Bahn,
immer-gleiche Pausenzeiten,
immer-gleiches Leben.

Könntest du nur anders sein,
doch siehst dich nicht imstande,
könntest du nur ausbrechen,
doch du bleibst, bleibst, bleibst

im Alltag, im Windschatten,
im System, im Getriebe,
in der Deckung, im Detail.

Die Bilder in den Rahmen verblassen,
hängen schon seit Jahren an der Wand.
Dann reißt der Nagel und es klirrt und
scheppert. Da liegen jetzt Bilder von

gestern, heute und

morgen wird alles anders

– morgen –

dieser magische Tag, auf den
du schon seit Jahren wartest.

Lethargisch gehst du nieder,
voller Stolz und Verzweiflung,
auf ein quietschendes Sofa,
das dich bei jeder Bewegung
aus dem Schlaf reißt. Höchste

Zeit, etwas zu unternehmen,
doch dein Schweinehund
knurrt dich in den Schlaf,

jedes Mal, wenn du dich selbst beflunkerst,
jedes Mal, wenn sich die Balken biegen.

Von der Erfindung
des Wortes Eigentlich

Als *Eigentlich* noch ein Wort
war und
keine Lebenseinstellung,

schlitterte der Express
(mehr
oder
weniger
von den Schienen geleitet)

durch vernebeltes Talgebiet
und raste auf einen Berg zu.
Die Notbremsung gelang und
kurz vor dem Berg kam der

Zug zum Stehen.

Man beschloss,
einen Tunnel
zu graben, stand
vor dem Berg und

diskutierte.

Seitdem gibt es
das Wort *Eigentlich*.

Kopf

geschrieben.
nach oben
von unten
diesen Text
habe ich
kopfsteht,
Welt grade
Weil meine

Sommernachmittagsgewitter

I

Das bevorstehende Sommernachmittags-
gewitter boxt mir ins Gemüt mit einem

gezielten Leberhaken.

Ich gehe zu Boden – Fötusstellung.

Alles ist irgendwann anders,
jetzt ist: nichts.

Jeder auf meinem Weg ist ein autonomes Ich.

Leere Stadt, leere Gesichter, Zweckgemeinschaft.

Die Stille,
die Dauer,

das gesammelte Gefühl von Monaten,

der Gedanke an nichts,
der Wind.

II

Jetzt kracht es.

Es ist weit, weit weg
und der schwache,
aber dicktröpfige
Regen gibt an, dass
wir uns am Rande des
Unwetters befinden.

Hier spielt unsere Geschichte:

Es war einmal einer, der den anderen in die Augen sah
und ihr Wesen erkannte. Fühlte er Leere, Entschlos-
senheit oder Stolz, wusste er Bescheid. So wurde ihm
schnell langweilig und er wusste nicht mehr weiter. Ta-
gelang hatte er keine Beschäftigung. Dann schrieb er
ein Gedicht darüber.

II (alternativ)

Das Gewitter ist ausgeblieben,
es hat nie wirklich festgestanden
(hat sich – wider der Erwartung –
nicht ereignet). Die Wolken

sind weitergezogen,

was zurückbleibt,

ist ein dumpfes Gefühl
in der Magengegend,
wo der Leberhaken
noch spürbar ist.

Umpf!

Therapie

„Nehmen Sie jeden Tag 2 Gramm Wissenschaft.
Dann geht es Ihnen gleich besser."

„Aber ist es nicht faszinierend, wenn man merkt,
wie groß die Welt ist?"

„2 Gramm Wissenschaft, dann verschwinden
diese Gedanken."

„Aber könnte es nicht komplizierter sein?"

„2 Gramm Wissenschaft, täglich."

Ich erkenne

Ich erkenne,
was du so lange
für dich behalten hast.
Dass mir solch eine Ehre
zuteil wird, verwundert mich,
denn im Grunde genommen
habe ich nicht wirklich
etwas dafür getan.

Das war an diesem einen Tag gewesen,
an dem ich dir gesagt habe, dass die
Darsteller in Filmen immer etwas
älter sind als ihre Rollen.

Das hat dich nicht interessiert,
aber danach warst du
von mir begeistert gewesen.

Das Herauszögern des Öffnens der Augen

Als ich beim Einschlafen
plötzlich die Kontrolle verlor,
traute ich mich nicht mehr,
die Augen zu öffnen.

Ich hätte weit oben sein können,
bei jeder Bewegung hätte ich

fallen können.

Doch ich fiel nicht.

Vorsichtig zögerte ich
das Öffnen meiner Augen
noch ein bisschen weiter hinaus,
bis ich schließlich meine
Umwelt erkannte.

Alles war so wie zuvor
(bevor ich fast eingeschlafen war).

Als ich beim Aufwachen
wieder meine Umgebung erkannte,

wurde mir schlagartig klar,
dass ich eben fast gestorben wäre.

Unterm Strich: Nichts

Ich starre (aus dem Fenster)
in die Dunkelheit und warte
auf eine Antwort von dir.

Die Fahrt dauert 50 min.

Unterm Strich passiert:
- - - - - - - - - - - - - - - -
nichts.

Orientierungslos II

Ein paar wenige
Meter um den
Block, hinter die

Fassade gucken.
Da sind Häuser,
in denen niemand

wohnt. (Imbiss,
Kiosk, Spielothek.)
Ich versuche, mich

nicht allzu sehr
darauf zu konzen-
trieren, was offen-

sichtlich ist: die
Orientierungs-
losigkeit. Sie wartet

an jeder Fußgänger
ampel, an der
ich stehenbleiben

muss. Der Still-
stand macht mich
nachdenklich, als

wolle er mir mein
Pausenbrot weg-
nehmen. Jede

weitere Kreuzung
gehe ich mit Vorsicht
an, feindselig, aber

bereit für ein Friedens-
angebot. Kaum jemand
kreuzt meinen Weg, ich

bin froh darum. Als
meine Runde beendet
war, war ich im Kreis

gelaufen. Das war
zwar der Plan gewesen,
trotzdem war dieser

Umstand von Ironie gezeichnet.

Orientierungslos III

Als ich den Ort
meiner Routine
verließ, fuhr ich
in eine Stadt, die
mir bisher nicht

bekannt gewesen
war, in eine Stadt,
in der ich völlig
orientierungslos
sein konnte. Ich

ging ein paar Meter

und

wusste schon sehr
bald nicht mehr,
ob ich mich am
Rand oder in der
Mitte befand, wo

man meinen Standpunkt

auf einer Karte hätte fest-
machen können oder
in welcher Richtung
irgendetwas war.
Dort, wo ich

nun
den
Ort
verlor,
verlor
ich
nun
auch
die
Zeit

und war plötzlich von
meiner Routine befreit.
Als ich wieder zu Hause
war, schrieb ich dann
einen dritten Teil (III)

zum Thema *Orientierungslosigkeit.*

Herbst

I

Als der Herbst ein frischer Morgen war
und der Morgen voller Leere,
tröpfelte die Kaffeemaschine wie eine
Sanduhr vor sich hin
und das Licht schien durch die
Spalte der Jalousien
in ein unaufgeräumtes Zimmer.

Die Zimmerlampe ist ausgefallen
und ausnahmsweise ist da reichlich Zeit.

Die Blätter sind noch an den Bäumen
und die allgemeine Verwirrung
über die eigene Rolle in der Welt ist groß,
größer als gestern und gestern
war sie größer als vorgestern gewesen
und vorgestern war sie plötzlich gekommen
– suddenly.

Als der Herbst sich von seiner besten
und dennoch (im Kern der Sache) typischen
Art und Weise zeigte, war eigentlich alles okay
– eigentlich.
(Die Wörter sind deutsch.)

Meine neue Sicht der Dinge.
Meine wiedergefundene Ignoranz und Impulsivität.
Mein neues Gefühl.

II

Die Rolltreppe fährt nach oben
(ist so freundlich, mich mitzunehmen)
und plötzlich erkenne ich
(beim Blick nach vorne und oben),
dass es draußen noch nicht dunkel ist.
(Das war die letzten Male anders gewesen.)

Ich bin tagsüber unterwegs – (Novum).
Als die Treppe flacher wurde,
waren da (wider Erwarten) kein Wind,
kaum Passanten und Banksitzer,
ein zweifelfreier Weg.

III

Als der Herbst
keine untergeordnete Rolle mehr spielte,
fehlten die üblichen Gesichter.

Das letzte bisschen Glück war aufgebraucht,
da sind sie gegangen.

Ich gehe als Letzter über den Platz,
wandle weitschrittig
über die schlafenden Schnapsleichen,
gehe ein letztes Mal durch meine alte Wohnung,
höre mir ein letztes Mal meine Lieblingsplatte an,
bevor ich sie zerbreche.

Als der Herbst kein Eigenleben mehr hatte,
konnte ich ihn kneten und formen.
Am Ende hatte ich eine Skulptur vor mir,
die an Schönheit kaum zu übertreffen gewesen war.

Bild natürlicher Unordnung

Viel zu früh auf dem Weg
(ohne geschlafen zu haben)
liegt ein Bild um den Weiher.

Auf dem taugrünen Gras liegt
ein durchnässter Strohballen
(die Folie ist beschädigt)

und fügt sich ein:
in das Bild natürlicher Unordnung.

Das Wasser in der Luft
nimmt mir die Gedanken,
der Weiher trennt mich vom Strohballen.

Hinter einer Brücke liegt noch viel mehr Provinz,

Wald.

Gebäum,
rechts ein Fachwerkhaus,
links nur Straße, zwischen Wald und Feld.

(. . .)

Ein langer Weg,
doch alle Zeit der Welt,
ein leichter Gedanke an den Rest des Tages.

(. . .)

Hinter einer Brücke . . .

Doch ich gehe links, den Berg hinauf.

In diesem Bild natürlicher Unordnung
gibt es keine Fehler, keine fehler-definierenden
Regeln, nur nicht-perfekte Perfektion.

Als ich den Verstand verlor
oder: Die Zivilisation
oder: Der Storch über der Nordsee

Als ich meinen Verstand verlor,

war gerade niemand da,

obwohl da sonst immer jemand ist,
obwohl da sonst immer jemand war,
obwohl ich eigentlich völlig entspannt war.

Als ich meinen Verstand verlor,

war ich von einer seltsamen
Zerstreuung erfüllt, war ich
irgendwo, wo es irgendwo
anders besser gewesen wäre,

war ich tief in der Zivilisation verankert.

Als ich meinen Verstand verlor,

hätte es zu jeder Zeit anders
laufen können, gab es viele
Eventualitäten, wär ich gern
ein Schifffahrtskapitän ge-
wesen, wollte ich eigentlich
nur etwas mehr von dem,
was ich mir aufgebaut hatte.

Als ich meinen Verstand verlor,
war ich im Begriff, ein völlig anderer

Mensch zu werden, ein neuer
Mensch, ein von Zwängen befreiter
Mensch.

Als ich meinen Verstand verlor,

befand ich mich gerade im Stillstand, konnte
ich gerade keinen Ausweg aus dem Deutsch-
sein finden, wäre ich gerade gerne ein Storch

über der Nordsee gewesen.

Als ich meinen Verstand verlor,

war er plötzlich weg, hatte
sich nicht verabschiedet, hatte
sich zuvor nichts anmerken lassen,
war plötzlich nicht mehr auffindbar

gewesen.

Da lag ein Zettel auf dem Tisch.
Auf dem stand handschriftlich,
in Großbuchstaben:
„Versuch nicht, mich zu finden!
Ohne mich bist du besser dran!"

Wochenendmorgen

Als ich den dumpfen Klang eines
frühen Wochenendmorgens hörte,
flog ein Vogel 26 Meter weit von

einem Dach zum anderen.

Die Nacht war gelaufen, die
ersten Sonnenstrahlen auf
dem Asphalt und weil es
seit Tagen nicht geregnet

hatte und ein Sturm angekündigt war,

wartete man auf Regen.

Als der dumpfe Klang eines
frühen Wochenendmorgens
das allgemeine Gewusel
(das grade erst im Begriff

war, sich aufzubauen)

übertönte,

war alles etwas anders als sonst.

Der Trubel war noch nicht da,
das Wochenende nicht mehr
und das, was jetzt kommen
würde, war der Alltag und

die Routine. (Manche nennen es Leben.)

Das Wochenende hatte ich verpasst,
den Wochentrubel würde ich nicht
mitmachen und so war ich teil-
nahmslos, unsichtbar, von

den Den-Alltag-Aufbauenden nicht beachtet,
doch letztendlich auch unabhängig.

Das dumpfe Wummern aus
Diskotheken verklingt hinter mir.

Ich widme meine Aufmerksamkeit
dem Rest des Tages.

20 Meter,

Haustür. Ende der Geschichte.

Der Mensch erfand den Ackerbau

Da das Gebäude vor mir
nun Stein für Stein zusammenfällt,
zu einem Steinhaufen wird,
hinterfrage ich das Konzept
des Sichniederlassens.

Der Mensch erfand den Ackerbau,
wollte kein Nomade mehr sein.

Jetzt zerfällt sein Haus
und er weicht den Steinen aus,
schafft es irgendwie,
nicht erschlagen zu werden.

Selbsterhaltungstrieb.

Während alles um ihn herum
zusammenfällt,
klettert er immer weiter
den Steinhaufen nach oben,
je größer er wird.

Das ist seine Aufgabe,
er denkt nicht weiter darüber nach,
es ist einfach seine Aufgabe,
das, was er halt tut,
so, wie stolz und voller Sehnsucht
den Ackerbau zu erfinden.

Deutschland

Es liegt schon Staub auf den Weingläsern
im Regal. Beim Bügeln hört man Radio.

Das ist Kultur. Kultur ist etwas Wundervolles,
sagen sie. Ich zweifle das an. Ihre Lügen
riechen modrig und sie erzählen sie
immer noch, vernebeln sich in Unwahrheit.

Danach sind sie stolzen Hauptes. Der Gestank
ist zur Tugend geworden,
zum Nationalstolz. Jetzt ist alles still.
Still wie ein Feierabend, der nicht auf der Straße ist.

Still wie ein Fertiggericht in der Mittagspause.
Alles ist so still, als gäbe es nur die
müde machende Musik im Radio,
das auf der Werkbank steht – Betäubung,

als wenn Deutschland eine Sekte wäre.
Der Geist ist vernebelt, die Persönlichkeit
archiviert, man funktioniert, funktioniert,
funktio, funk, fun, fu, fffffffff . . .

Es ist nichts Besonderes in Deutschland.
Da sind keine großen Träume
in den Köpfen der Leute.
Keine Inspiration vereinnahmt ihre Sinne,

kein frischer Wind weht durch die Zimmer,
denn die Rollläden sind unten.
Man schaltet sich aus,
wird wieder leistungsfähig und

funktio, funk, fun, fu, fffffffff . . .

Fleiß

Mein Name ist Fleiß,
ich bin ein zweischneidiges Schwert.

Mit mir wirst du viel,
doch hast so wenig.

Mit mir hast du kaum Platz zum Leben.

Meinen Tribut zahlt
man in Raten, große
Sprünge machst du
mit mir sicher nicht.

Wie du vielleicht
merkst, bin ich
nur bei wenigen
zu Gast.

Viele täuschen mich auch vor,
hängen sich Erfolge an die Wand.

Mit mir wirst du kein Lebemann.

In Deutschland bin ich Tugend,
mein Konzept erschließt sich
durch Erfahrung.

Im Vorfeld bin ich kaum erkennbar,
ein Tag macht mich nicht aus,
du brauchst schon Monate, Jahre.

Um das herauszufinden,
brauchst du mich.

Um herauszufinden,
wer du bist,
brauchst du mich.

Um herauszufinden,
was du denkst,
brauchst du mich.

Ich stehe vor Erfolg und Ziel,
nur selten ist es anders.

Der mirbezügliche Trugschluss lautet:
Ich bestehe nicht aus Improvisation.

Nun bin ich doch nicht so
und beschenke dich nach
getaner Arbeit und einem
ganzen Stück Aufopferung.

Das sind meine Vorteile
– die kleinen Ergebnisse
auf dem Weg zum Ganzen.

Mein Name ist Fleiß,
ich bin von vielen oft gefordert.

Manchmal geht es auch ohne mich,
doch dann musst du Regeln verletzen.

Tu das nicht,
mit mir lässt es sich leben!

Mein Name ist Fleiß,
aber das weißt du schon,
weil ich in Deutschland Tugend bin.

EG (Kammerspiel)

Vorhang auf, Stille.
Sprecherstimme aus dem Off:

Die Tür,

die zwischen mir und draußen liegt,

ist unverschlossen,
ist weiß,
lässt sich öffnen,
quietscht nicht mal.

Das Fenster,

das zwischen mir und draußen liegt,

hat keine große
Fallhöhe
hinter sich
– Erdgeschoss.

Es sind nur
ein paar Meter,
nur ein Katzensprung,
vielleicht 2 Menschensprünge,
mehr nicht.

Das,
was eigentlich so einfach ist,
ist gleichsam schwer im Anfang.

Ich bin einfältig,
ich bin lethargisch,
ich bin ein viel zu großer Nenner
(teile in zu viel),
zersplitte meine Gedanken,
durchwandere die Situation.

Hinter jeder Tür steht eine Möglichkeit
und lächelt mich an.

Während ich ...
... abwäge,
... abwiege,
... messe, schätze, vergleiche,
geht die Sonne unter
und der Mond lacht mich an.

Letztendlich ist nichts passiert.

(...)

Die oberflächliche Betrachtung der Bilder

I

... hat schnelle Antworten geliefert.
– Man weiß nun ungefähr, was Sache ist.

„Einmal Standardantwort-Express."

„Kommt sofort!
Hab ich selber auch zu Hause!"

„Darfs noch ein bisschen mehr sein?"

„So ist das halt, kann man nicht ändern."

„In der Geschichte gibt es Beispiele dafür."

„Der Cousin von meinem Schwager
hat mir das alles mal erklärt."

„Mein Nachbar sagt das auch."

II

So lässt es sich leben.
Man gönnt sich ja sonst nichts.
Darfs noch ein bisschen mehr sein?"

„Das ist doch Bevormundung!"

„Wo sind wir denn hier?!"

„Ich sage nicht ... Ich sage nur ..."

„Da muss man eingreifen,
nicht nur reden, auch was tun."

„Da muss man dies und muss man das."

„Irgendwann ist auch mal Schluss!"

III

Da ist etwas, das mich reizt.
Das sollte ich vielleicht versuchen.
– Mir die einfache Antwort
zum Leitbild deklarieren.

Meine neue Perspektive,
mein Standpunkt und
mein einfältiger Blick in die Welt.

„Tellerrand" und „Horizont" sind ausgebucht.
– Gesetz des abnehmenden Ertrags.

Mein schwerwiegender Irrtum,
mein zerstörerischer Rundumschlag,
wenn ich andere mit Sprache vergifte.

„Einfache Antworten, der Herr?
Auch für Sie, meine Gnädigste?"

Die oberflächliche Betrachtung der Bilder ohne Zweifel!

„Darfs noch ein bisschen mehr sein?"

IV

So hinterlasse ich Trümmer hinter mir,
weil ich die Bilder nur oberflächlich
und ohne Zweifel betrachtet habe.

Zwischen zwei Städten

Nun schaue ich in die Dunkelheit
und erkenne letztendlich

geschlossene Einkaufszentren mit wenig Licht,

irgendwo im Nichts,
keine Stadt,
nur ein Parkplatz ohne Autos,
ohne Menschen,
ein leeres Feld zwischen zwei Städten:

Nichts. An einem Feiertag:
Nichts. Nur Dunkelheit:
Nichts.

Vor vielen Stunden ist es dunkel geworden.

Jetzt ist es 22:40 Uhr
– Dezember,
finstere Nacht: Nichts.

Hier und da
parkt ein Auto am Streckenrand.
Industrieanlagen
und der Wunsch nach Klarheit.

Jetzt ist es 22:41 Uhr
– Dezember,
finstere Nacht: Nichts.

Zwischen zwei Städten
ist es alleine,
nicht einsam,
– alleine und unterwegs.

Hallo, mehr nicht

Als sie ihm plötzlich
gegenübersaß,
fiel ihr nichts mehr ein
als nur dieses
eine
nichtssagende Wort,
das auch
beliebig anders
hätte ausfallen können,
doch er nahm es
mit Fassung,
denn auch ihm war
nur dieses eine Wort
eingefallen:
Hallo.
Sonst nichts.
Da es beiden an
Geschichten mangelte,
auch daran,
lockerer zu sein,
verabschiedeten
sie sich danach wieder,
denn im Grunde
war alles gesagt.

Regennacht

Ich vernehme

übermäßig viel Aktivität
für eine Regennacht,
nach einem Unwetter,
nach einem schrägen Traum.

Menschen brabbeln dumpf,
Regen plätschert dunkel,
Vögel fiepsen,
alles ist im Umbruch.

Es ist 4:00 Uhr morgens.

Ich schleiche durch die Wohnung,
niemand ist da und alles bewegt
sich in einem Zustand völliger
Bedeutungslosigkeit fort.

Alles ist im Fluss.

„Niemand" ist ein schönes Wort.
Wo niemand ist, kann niemand
stören. Wo niemand stört,
ist man ganz man selbst,

vorausgesetzt . . .

. . . man gefällt sich;

vorausgesetzt . . .

. . . man ist im Einklang

mit sich selbst,
mit der Welt,
mit der Klanglandschaft

eines völlig bedeutungslosen,
viel zu frühen Morgens.

Mein schräger Traum ist längst vergangen.

Nur noch Stille und Plätschern,
Brabbeln und Fiepsen. Dazu
kommt ein anhaltendes Rauschen
von der Hauptstraße, von weit weg,

von denen, die schon zur Arbeit fahren
oder nach Hause oder weg, weit, weit

weg.

Ich weiß nicht, was ich tun soll.
Was tut man um 4:00 Uhr morgens?

Wenn niemand da ist,
gibt es keine Regeln.

Wo sind alle hin?

Hat niemand anders schräg geträumt?

Ich schaue zu den Fenstern
der anderen Straßenseite
und sehe zugezogene
Gardinen, nichts.

Auf der Suche nach Bestätigung,
nicht vollkommen verrückt zu sein.

Der Plan

Wie kann ich dich ver-
ändern, wo ich dich
doch besser finde als

mich selbst? Du willst
es aber und verlangst
von mir, dass ich dir

einen Plan vorlege.
Jetzt arbeite ich seit
Tagen daran, kann

nicht mehr schlafen
und verschwende alle
meine körperlichen und

geistigen Ressourcen
darauf, dir einen Plan
zu schreiben, ein Kon-

zept vielmehr, doch
ich schaffe es einfach
nicht, ein Diktator zu

sein. Dass du das von
mir verlangst, ist wohl
der Grund, dass ich an-

fange, dich weniger
gut zu finden, bis ich
schließlich einschlafe

[mit dem Kopf auf dem
Tisch, auf dem Papier,
auf dem bisher (auch

nach Tagen) nur ein ein-
ziger Satz geschrieben
steht: Du solltest mehrere

Ebenen haben.]. Als ich
aufwachte, warst du weg,
scheinbar hast du den

Satz gelesen.

Mich stört ... / Ich begrüße ...

Mich stört ...

... das bürgerliche Klackern von Schuhen auf Asphalt;
(Es belastet mich
in einem so hohen Maße des Unwohlbefindens,
trifft mich mitten ins Gemüt.
Die übertriebene bürgerliche Stille
wird durchbrochen, so nehme ich sie wahr.
Kein Spiel, kein Chaos, keine Liebe.
Niemand redet, niemand springt,
alle klackern, sonst nichts.)

... das mechanische Starren
auf den Boden beim Gehen;
(Es ist so deutsch, dass ich mich seiner schäme.
Zeitgleich langweilt es mich.
So verständlich es auch ist, so bieder ist es auch,
vergiftet jeden, der es mit ansieht,
und schon macht man es selbst,
wird selbst zum „Auf-den-Boden-Gucker".)

... das beständige Wegsehen vom Straßenrand;
(obwohl man dort etwas vermutet,
obwohl da sonst immer etwas war.
Jetzt geht der Blick geradeaus, durch die Mitte.
Jeder Anblick des Rands wäre störend,
so anders, wie er ist.)

... das bürgerliche Ausblenden der
allgegenwärtigen Unannehmlichkeiten;
(So ist es einfach, bescheiden und gut,
wo es noch Gegensätze gibt,
„fremd" noch etwas Schlechtes ist.)

... das tückische Urteil in mir;
(das sich meldet,
wo jemand das alles tut,
es aber nicht angebracht ist.
Es ist unkontrollierbar geworden,
dabei verstößt es doch gegen mein Wesen.
Es war plötzlich da gewesen,
hat sich ergeben aus vielem,
aus einem Sammelsurium aus Erfahrungen,
aus einer Abfolge
der persönlichen Lebensgeschichte.
Jetzt ist es da und ich denke es weg,
neutralisiere jeden Gedanken daran.
Es ist zum Zwang geworden.)

Ich begrüße ...

... das wohltuende Chaos,
das sich im Verankern der Möglichkeiten zeigt;
(so, wie sich alles von selbst ergibt,
wie sich alles abzeichnet
wie ein sich-selbst-ergebendes Bild.)

... das Verankern der Möglichkeiten,
das für die stetige Reformation der Ordnung sorgt;
(das sich immer wieder darstellt, zur Schau stellt,
so greift alles ineinander
und formt ein neues Bild der Ordnung
– in jeder Farbe eine Struktur –
Schicht um Schicht.)

... die stetige Reformation der Ordnung,
die Dynamik und Statik vereint;
(keine Gegensätze mehr,
kein Ausschluss der Vereinigung
von Frei- und Sicherheit.)

... die Vereinigung von Dynamik und Statik,
die für die Aufhebung der Gegensätze sorgt;
(deren Erkennen dem Erkenner
einiges abverlangt,
bis zur völligen Erschöpfung
nach einem intellektuellen Erkenntnischaos
(die Selbstverständlichkeit der neuen Wörter
– „Neologismen": neue Ordnung).)

... die Aufhebung der Gegensätze,
die zu völlig Neuem führt;

(...)

... das völlig Neue;

(...)

Dynamik und Statik
reichen sich die Hand
in einer nie dagewesenen
Korrespondenz.

Ich hätte mir viel Ärger gespart,
wenn ich früher zu dem geworden wäre,
was ich eigentlich bin.
Vielleicht hätte ich dann ...
... einen Mangel an Sensibilität
für das bürgerliche Klackern
von Schuhen auf Asphalt;
... für das mechanische Starren
auf den Boden beim Gehen;
... mehr Verständnis für
das Wegsehen vom Straßenrand;
... das bürgerliche Ausblenden
der allgegenwärtigen Unannehmlichkeiten;
... kein tückisches Urteil in mir;
... das wohltuende Chaos, das sich im

Verankern der Möglichkeiten zeigt; ... das
Verankern der Möglichkeiten, das für die
stetige Reformation der Ordnung sorgt; ... die
stetige Reformation der Ordnung,
die Dynamik und Statik vereint, ... die
Vereinigung von Dynamik und Statik, die für
die Aufhebung der Gegensätze sorgt; ...
die Aufhebung der Gegensätze, die zu
völlig Neuem führt; ... das
völlig Neue;

(. . .)

Auf der Suche II
oder: Alte Hüte

Auf der Suche nach Wahrhaftigkeit
stampfe ich durch einen Sumpf,
in welchem souveräne Menschen
stecken. Sie telefonieren.
Alles verläuft nach Plan (angeblich).
So ist ihre Existenz
– abhängig von fremder Wertschätzung.

So wehen sie wie Wackelmännchen,

Fähnchen im Wind,
an ihnen ist nichts echt,
alte Hüte.

Sie stehen im stehenden Wasser,
dort kleben sie und wackeln.

Das, und nur das,
ist die Art,
wie sie ihr Dasein fristen.

Und so suche ich und such
und finde keinen einzigen
aufrichtigen Menschen,
der einfach nur
der Kern seines Wesens ist,

nur alte Hüte auf Wackelmännchen.

Hallo? Kann mich jemand hören?
Ist hier jemand mensch?
Ist hier irgendjemand echt?

Meine Stimme hallt

über den Sumpf,
um ihre Köpfe herum,

da schreit einer „Hier!"
und ich schaue mich um.
Ich suche nach ihm,
doch finde ihn nicht.

Auf der Suche bleiben
meine Füße bei jedem
Schritt etwas stecken.
Mühsam bewege ich mich

fort, um sie herum,
fort, Meter für Meter.

Ich darf nicht stehen bleiben,
sonst versacke ich, muss weiter.

Ich treffe ihn und sage:
„Wir müssen hier weg!"

Hier gibt es keine echten Menschen,
nur Souveränität!

Meter für Meter stampfen wir heraus
und wurden nie wieder gesehen.

Das war die Geschichte von den
Wackelmännchen im Sumpf,
die noch immer ihre alten Hüte tragen.

Herbst II

Vor zwei Tagen,
als ich mich schlafen legte,
war der Abend still gewesen.

Nun wache ich auf
und draußen wütet ein Sturm,
weht das Laub auf wie Wellen: Herbst.

Was mir eine Freude macht,
bestimme ich selbst,
und plötzlich bin ich frei.

Der Herbstwind,
der über eine stille Baustelle weht,
ist trostlos.

Jetzt ist es

traurig,

traurig
wie ein zurückgelassenes Fahrradschloss,
das um ein Verkehrsschild verschlossen liegt,

traurig

wie ein dauerhaft geschlossenes Geschäft.

Die Ernüchterung trage ich durch den Tag.

Am Abend angekommen,
lasse ich sie fallen
wie einen schweren Kartoffelsack,
den man nach Hause geschleppt hat.
So ist der Tag zu Ende
und die Kartoffeln liegen im Flur.

Ich schaue über eine Treppe
oder: März

Ich schaue über eine Treppe
schräg nach oben
durch ein Fenster,
sehe den blauen Himmel
und die Abendsonne
malt ein Bild von Freundlichkeit.

Warum bin ich erst jetzt
zu dem geworden,
den du hättest mögen können?

2, 3 Wolken, mehr nicht.

März.

Metamorphose
oder: Scheinwerfer am Nachmittag

Ein grauer Himmel wirft

Schatten,

man braucht:
Scheinwerfer am Nachmittag.

Eine Straßenbahn rollt
geschmeidig durch die

Halbdunkelheit.

Endzeitstimmung.

Das ist Winter ohne Schnee:

Dezember, der erste.
Jetzt ist es still
und die Kälte schlägt aufs Gemüt.

Wer bin ich eigentlich?

Früher war ich Reaktionist,
heute weiß ich es nicht mehr.

Metamorphose.

Meine Verwandlung
ist nicht schmerzhaft.

Sie ist wahrnehmbar,
ein schlichtes Gefühl,
das in der Banalität
des menschlichen Treibens
verschwindet.

Es verspielt sich in der Summe
aller getätigten Handlungen.

Szenenwechsel.

Gleicher Ort: Straßenbahn,
ein grauer Himmel
wirft Schatten,
man braucht
Scheinwerfer am Nachmittag ...

Winter

1. (Als es kälter wurde)

Als es kälter wurde
und
früher dunkel,
nur
für einen Tag,
nur
für einen Nachmittag,
waren
plötzlich die Sonnenbrillen
überflüssig.

Plötzlich
war es wieder ruhig
und
die Landschaft wieder
in
ein deutsches Grau gezeichnet,
wie
bei
einem leicht unterbelichteten
Foto.

Jemand anders sein
wäre gut,
jemand,
der einfach nur abwartet,

was sich in seinem Leben
so ereignet,
keine Pläne macht,
einfach nur dorthin geht,

wo es ihn hinzieht,

und

in meinem Fall
wäre das nicht

dieser industriegraue Ort,

bei dem die Wolken für
die Unterbelichtung des
Fotos sorgen, das ich mit

meinen eigenen

Augen von dieser Kulisse
mache.

Genügsam ist ein gutes Wort.

2. (Der Schneematsch auf dem Bürgersteig)

Der Schneematsch
bekam seine Form
durch einen heftigen Windstoß.

Formgegeben zeigt er nun
die durchschnittliche Windrichtung des Tages.

Jetzt,
wo es Abend wird,
liegt der Wind
weiter abgezeichnet im Schneematsch,
nicht schmutziger,
weiß
– wie von Geisterhand gezeichnet,
etwas über dem Boden erhaben.

Das ist alles
– von
diesem kleinen bisschen Schneematsch
auf dem Bürgersteig,
das nun vom Wind verformt ist.

3. (In Bonn liegt Schnee)

Jetzt,

wo so langsam Frühling wird,
liegt in Bonn noch Schnee ...

... auf den spitzen Dächern;
... auf den Mauern am Rhein;
... auf den Mülleimern;
... auf den kahlen Bäumen;
... auf den gelben Häusern;
... auf den langen Wiesen;
... auf den Haustürbögen.

Alles ist noch ruhiger als

sonst. Die Leute sind noch weniger als
sonst. Die Wege sind noch schmaler als
sonst.

Eine trockene, kurze Windböe bläst durch

jede Straße,
jede Gasse, über
jeden Kiesweg hinweg.

Sonst ist es still.

Jetzt,

wo in Bonn alles weiß ist,
bin ich selbst km-weit entfernt

und

schreibe darüber
wie jemand,
der eben von außen
über die Dinge schreibt.

4. (Bergfront)

Ein Schuh klatscht
in das aufgetaute
Eis. Es platscht.

Dezember, grauer Himmel.

Die Waldberge in der Ferne
sind bläulich-schwarze Silhouetten.

Hier und da ein Hochsitz.
Der Weg dorthin ist weit.

Ein unbespielter Sportplatz
liegt im Weg, danach ein Dorf.

Ein Kirchturm.

Das Klatschen hallt
durchs Tal bis zur Bergfront.

Ich möchte zum Berg
und mich für das
Platschen entschuldigen,
doch bis ich dort bin,
ist längst keiner mehr da.

Beharrlichkeit

Mein Name ist Beharrlichkeit.
Ich stehle dir die Jahre.
Man lehrt mich an den Schulen.
Mit mir hast du im Leben
das Gegenteil von Ab-wechslung

und Ab-lenkung, ich konzentriere
dich auf die Unannehmlichkeiten,
auf eine Lebenslüge, bringe dich
dazu, dein Leben links liegen zu
lassen, während rechts dein Hand-

werk liegt. Ich trenne dich von
allem Geistigen und Schönen,
während ich dir Arbeit gebe,
einen großen Stapel Papier,
der für dich nur eins be-

deutet: Überstunden.

Wimmelbild

Durch den Schleier meiner
begrenzten Aufmerksamkeit
sehe ich Existenz und ein wildes
Treiben im Wimmelbild
(dynamisch).

Meine Aufmerksamkeit lässt nach
(ist begrenzt),
doch das Treiben geht weiter.

Ich bin nicht dabei.

Als ich meine Augen wieder öffnete,
war das Treiben noch da,
hat niemals aufgehört,
hat sich erlaubt, beständig zu sein,
sich eine eigene Meinung erlaubt:

„Back erst mal kleine Brötchen, Kollege,
sonst wirst du noch besser und glücklicher als wir!"

– Das Treiben hält mich zurück,
will mich kleinhalten,
und ich verstoße
gegen die Höflichkeitsgebote,
schlage den
mich zurückhaltenden Arm beiseite
und renne los.

Durch den Schleier meiner
begrenzten Aufmerksamkeit
sehe ich Existenz
und das immer noch wilde
(aber michnichtmehrumgebende)
Treiben.

Ich schaue aus dem dritten Stock
aus dem Fenster
(natürlich stehe ich am Fenster),
Vogelperspektive,
teilnahmslos,
unbeteiligt.

Im diffuseren Teil meiner
viel zu zerlegten Persönlichkeit
sitzt ein Teil von mir auf einem Stuhl
auf einer Bühne ohne Publikum
(und imitiert andere,
nimmt die Eigenarten an
und spiegelt.)

Dieser Teil von mir
hat keine feste Persönlichkeit mehr,
springt von einer Rolle zur anderen
und weiß nicht mehr, wer er ist.

Er ist ein armer Kerl, verwirrt wie er ist,
spiegelt jeden, nur nicht sich selbst.

Ich möchte ihm helfen,
ihm eine Persönlichkeit geben,
einen Charakter manifestieren,
doch, wenn er nicht selbst drauf kommt,
ist auch das wieder nur
eine seiner zahlreichen Rollen.

Und selbst der nachdenkliche Sonderling,
der sich seiner Rolle bewusst wird,
ist nur eine Rolle.

Im Gewimmel

Die Stille, die Balance
und der Gedanke an
das Brötchen vom Kiosk
bestimmen den Morgen.

Du bist ein autonomer Schaffender,

einer von denen, der die
Rolltreppen hochgeht,
seine Pläne in die Tat
umsetzt, sich nicht
etwas erzählen lässt.

Wagemutig und
selbstbestimmt
ist das Bild, das
du von dir selber

hast – und warum auch nicht?

Da stolperst du aus
der Straßenbahn
und musst nicht über-
legen, wohin du gehst:

Routine.

Du bist der mit dem Plan,

du bist der,
der außerhalb
der Gesellschaft steht,
die Dinge überblickt.

Das ist dein Bild,
dein Gemälde,
deine Gedanken
an dich selbst.

Du hast es selbst angefertigt

- in stillen Stunden
- in ruhigen Räumen
- (zahlreichen Methoden)

- mit Feingefühl
- mit selbstgefertigtem Werkzeug
- mit dem Gedanken an dich selbst.

Dieses Bild steht dir gut,
ist dein ständiger
Begleiter,
Gefährte, Kompagnon.

Die anderen verstehen nicht,
warum du keine Hilfe brauchst,
denken, du seist einsam,
hättest dich verloren.

Dabei bist du doch so,
wie sie es gerne wären.

Was gibt es da nicht zu verstehen?

Am Ende deines Lebens
wird ein Fragezeichen stehen
– über ihren Köpfen,
im Kollektiv.

Bis es so weit ist,
verschwindest du
zwischen den Menschen,
im Gewimmel.

Langsam flanierst du,
vergnügst dich beim
Anblick von allem,
was sich ereignet.

Jeder, der dich kennt,
verliert dich aus den
Augen, irgendwann
sind da nur noch Leute,

denen du völlig unbekannt bist.

Das ist deine persönliche
Vorstellung eines Happy-Ends.

(. . .)

Im Gewimmel II

Im Gewimmel treffe
ich dich unverhofft
– unsere Blicke trafen
sich und verloren sich

wieder
(nach wenigen Sekunden).

Diesen Augenblick
(den wir hatten)
tragen wir durch
den Rest des Tages.

Er wird
(nur für diesen Tag)
mein Begleiter sein.

Die Betrachtung der Bilder im Detail

Aufgescheucht vom Morgen,
stolperst du durch den Moment,
der dich nach draußen bringt
in die unweigerlich fortlaufende
Welt.

Die Inneneinrichtung deiner
Routine gefällt dir nicht mehr,
du möchtest einen Katalog mit
neuen Sonderangeboten, doch
(Schlüsselmoment)

es bleibt bei der Betrachtung
der Bilder im Detail, kein Kauf,
kein Startschuss in ein neues,
durchdachtes, persönlicheres
Leben,

nur die Betrachtung der Bilder im Detail.

Motivation

Es war einer dieser Tage,
an denen ein Gespräch
nicht möglich wäre,
das nicht schon
durch die
Art der

Mitteilungen
tragisch belanglos ist.
Da ist etwas Psychisches im
Hintergrund deiner Wörter. Ist es

dein Narzissmus, der da spricht,
oder fischst du nach Kompli-
menten? Wie dem auch
sei, es ist nicht die
Sache selbst,

es

ist dein
wahres Ich,
unbearbeitet, un-
gespiegelt. Es war einer
dieser Tage, also schweigen wir.

(. . .)

Rolle

Als mir die Kleinheit
meiner Rolle
bewusst wurde,

konnte ich sie
plötzlich mit
Routine spielen.

Ich stand nicht im Mittelpunkt,
hatte nicht mal einen Satz.

Als mir die Kleinheit
meiner Rolle
bewusst wurde,

war ich einfach
nur ein Baum,
der in der Ecke

stand, stillstand,

rein gar nichts zu erledigen hatte,

unstrebsam,
unreflektiert,
unsichtbar (die meiste Zeit),
uninspiriert,
unbegeistert (von fast allem),

das war meine Rolle

– an mein eigenes Leben angelehnt.

Nun bin ich selbst meine Paraderolle.
Letztendlich ist alles so einfach gewesen.

Nachwievor

Wie eine gestrichelte
Linie ist nicht ganz
klar, was es bedeuten
soll, wenn du sagst:

Es geht schon immer weiter.

Meine Frage
bleibt
nachwievor

Wie?

Meine Frage hat
dadurch nicht
weniger Gewicht.
Meine Frage bleibt

nachwievor unbeantwortet.

Zwischen den Terminen
oder: Dein Bild von mir

Was ich dir vorspiele,
ist mein bestes Ich,
ist die Auswahl meiner
Eigenschaften, ist ein Betrug.

Kaum einander begegnet,
spiele ich den Film ab,
zeige ich die Bewerbungsmappe,
erzähle ich Geschichten, ...

... in denen ich der Held bin;
... in denen ich einen Drachen töte;
... in denen mein Tag um 7 Uhr beginnt.

Das ist meine Leinwand
auf meiner Oberfläche.

Das ist mein flimmerndes Projektorlicht
auf meinem Körper, ...

... das einen Film der Leidenschaft zeigt;
... das einen Film der Stärke zeigt;
... das einen Film des Charmes zeigt.

Das ist meine Hülle,
meine nach außen getragene Einstellung,
zensiert nach einem Maßstab,
den ich für dich angelegt habe.

Das ist meine Auswahl
von dem, was ich dir zeigen könnte,
je nachdem, ...

... was du von mir denken sollst;
... was du von mir halten sollst.

Jetzt hast du ein Bild von mir,
das du dir vielleicht mal anschaust,
irgendwann mal,
vielleicht mal hin und wieder,

zwischen den Terminen.

Ich zeige dir ...

... mein bestes Ich.
... meine vorgetäuschte Hybris.
... meine maximale Begeisterung.
... mein letztes bisschen Stolz.

So kann ich mir sicher sein,
dass du alles von mir weißt,
nur nicht, wie ich wirklich bin.

Der Traum und die Straßenkehrmaschine

I

Nachdem mich ein Traum
desillusioniert hatte und
die Straßenkehrmaschine,
wie jeden Morgen, direkt

an meinem Fenster vorbei-
gefahren war, beschloss
ich aufzustehen und tat
es dennoch nicht. Ich ver-

suchte gegenzuträumen,
an etwas Anderes zu denken,
doch es gelang mir nicht,
mein Verstand erlaubte

es mir nicht. Da war kein
klingelnder Wecker, da
war kein Termin und so
war es plötzlich Mittag,

zwei Stunden später, in
denen ich versucht hatte,
meine Gedanken zu be-
reinigen, doch schließlich

stand ich zermürbt auf,
mit den Gedanken an
eine Welt ohne Wörter
wie *Treue* oder *Loyalität*

usw.

II

Nachdem die Straßenkehrmaschine
meinen Traum gestört hatte, war ich

aufgescheucht, verstört,
unfähig, den Moment zu erfassen,
aus dem Schlaf gerissen,
unfähig, einen klaren Gedanken zu fassen.

Ich funktioniere, laufe zur Tagesleistung an,
bin plötzlich da, außerhalb der Spur,
im Prozess des Sich-Wieder-Ein-Findens.

Realität?

Bescheidenheit

I

Mein Name ist Bescheidenheit, ich schleiche durch die Welt. Unauffällig und unscheinbar nehme ich nicht teil. Ich bin sympathisch, gern gesehen und vergnüglich. Ich genüge mir selbst. Mit mir kommt man leicht durchs Leben, fährt man gut, sicher, doch mit mir übertreibt man es auch oft. Mit mir enden Texte kurz und bündig.

II

Mein Name ist Bescheidenheit, ich ende nicht abrupt. Viel zu stark kämen dann die Worte. Was ich sage, muss stets in ein schlichtes Wie gekleidet sein. Kein Appell. Keine großen Worte. Nur ein leises Wispern, das ohne Mikrofon niemand mitbekommt.

III

Mein Name ist Bescheidenheit, ich bin leise, doch konstant. Meine Gestalt nimmst du kaum wahr, spürst nur den Lufthauch in den Haaren. Dazu ein leises Flüstern ganz nah am Ohr. Mein Auftreten ist unscheinbar. Ich brauche keine Bühne, giere nicht nach Aufmerksamkeit.

IV

Mein Name ist Bescheidenheit, unterm Strich bin ich genügsam.

Auf der anderen Seite des Fensters

Ich wache auf und es regnet.

Geweckt hat mich der Donner.
Der war als Erstes da gewesen, schon lange
vor dem Regen. Jetzt ist er wieder weg.

Was bleibt, ist nur der Regen.
Ich liege da, wach, und höre zu,
auf der anderen Seite des Fensters.

Ohne Titel

Den einsamsten Gedanken
hatte ich, als ich ohne
mich selbst war.

Die leere Menschenhülle,
die nichts mehr verbarg,
verbarg die Leere in mir.

Meine Augen hatten kaum Energie.

(glasig, leer)

Das war mein einsamster Gedanke,
den ich hatte, als ich ohne
mich selbst war.

Doch das ist eigentlich gelogen.

Erkennen

In einem Moment der
Bequemlichkeit setze
ich mich auf eine Bank
von vielen, bleibe sitzen,
gebe mich genügsam.

Würd ich auf den Hügel
gehen, würd ich all die
Bänke sehen. (Überblick)

Es ist bequem, drum
bleib ich sitzen,
verschließe mich den
Möglichkeiten,
verschließe mich dem
Überblick, der
mich erkennen ließe,

dass alles eins ist.

In einem Moment
der Klarheit stehe
ich auf und
gehe auf den Hügel.

Jetzt das Sein

Jetzt
regnet es
in vielen, vielen
kleinen Tropfen,
keiner größer als
ein Sandkorn.

Das
ist der
Moment,
in dem ich
verstehe,
dass der
Regen
Freude
hat.

Sein Muster,
seine Dynamik
sind zufällig und
trotzen jedem
System.

Jetzt
ist das Sein
das Einzige,
das ich spüre.

Jetzt
ist das Sein
das Einzige,
das zählt.

Jetzt,
wo das Sein
alles ist, ist das
Sein im Jetzt all-
gegenwärtig.

Darling

Er weiß zurzeit nicht,
was er von ihr denken
soll. Und während er
so nachdenkt, kommt

ihm plötzlich ein ganz
besonderer Gedanke:
Darling, where do we
go tonight? Hey, darling,

why don't you answer me?
Plötzlich merkt er, dass sie
überhaupt nicht da ist. Er
stolpert alleine durch die

Straßen, nachts. Der Alko-
hol steht ihm bis zum Hals,
hat ihm den Abend versaut.
Eine solch sinnlos verbrachte

Zeit. Er erkennt es und es
würde sein Gewissen be-
lasten, würde sein Gewissen
zurzeit mit seinem Verstand

verbunden sein, doch da ist
noch der Alkohol im Weg.
Die Scham kommt morgen.
Er weiß zurzeit nicht, was er

von ihr denken soll. Darling
ist nicht da. Er redet mit sich
selbst. Er hat sie schon lange
nicht mehr gesehen. Er könnte

sie mal wieder anrufen.

Beim Schritt vor die Tür

Beim Schritt vor die Tür
spüre ich die Außenwelt,
ich ziehe den zweiten Fuß nach
und stehe draußen in der

Welt der Fremdwahrnehmung,
wo es wichtig ist, was die
Leute denken, ob sie schon
gucken, wenn einer was macht.

Jetzt stehe ich draußen,
hoffnungslos verloren,
desorientiert, verwirrt
durch den Wechsel der

Lichtverhältnisse, der
Andershaftigkeit des
Augenblicks, der
einzelnen Elemente des

Bilds.

Nun, da ich draußen bin,
gehe ich meiner Wege,
sehe zu, dass ich Land
gewinne, verschwinde

im Menschentrubel.

(. . .)

Vor circa 1000 Tagen
oder: Wie ich die Ordnung wiederfand

Vor circa 1000 Tagen habe ich erfahren,
was absolute Freiheit ist.
Sie war langsam zu mir gekommen
und ich hatte ihre Anwesenheit
sehr plötzlich wahrgenommen.

Dann war sie da
und ich kam nicht mit ihr klar.
Ich verlor mich in ihr,
ich versuchte, in ihr zu schwimmen,
doch fühlte mich schwer wie ein Stein.

Sie war das,
wonach ich immer gesucht hatte,
doch nun
(in völliger Schwerelosigkeit)
wusste ich nicht mehr weiter
und suchte nach Ordnung.

Diese ganz bestimmte Ordnung
war da gewesen,
wo ich mich zum Zeitpunkt
vor dem Wahrnehmen
der absoluten Freiheit
aufgehalten habe.

Ich suchte dort nach dieser Ordnung,
doch fand nur noch mehr Freiheit.
Das machte mich fertig.

Als ich nicht mehr ein noch
aus wusste,
machte ich einen Handstand
und fiel dabei auf den Kopf.

In diesem Moment
(bewegungslos auf dem Boden liegend)
war plötzlich alles wieder klar gewesen,
denn mein Handlungsspielraum
war (auf dem Boden liegend)
sehr weit eingeschränkt
und so fand ich die Ordnung wieder.

Film

Nach einem Heulen in der Ferne
hatte ich plötzlich
ein szenisches Gefühl.

Ich erwartete,
etwas Gruseliges
würde sich ereignen,
doch es geschah: nichts.

Dieses Nichts kam so erschreckend,
dass ich kurz die Fassung verlor und

wartete, (...)

obwohl ich wusste,
dass da nichts
mehr kommen würde.

Und es kam: nichts.

Natur

Als ich auf die Wogen starrte
und meine Brust aufriss,
wurden meine Beine weich
– ich ging auf die Knie,
von der Ohnmacht überwältigt.
Da wurde mir klar,
dass die Natur mich getötet hatte.

Kultur

Als ich plötzlich
Kultur verstand,
erkannte ich die
Grausamkeit der

Welt.

Als ich plötzlich
Kultur verstand,
erkannte ich den
Mangel an Fantasie,
die sich immer
wiederholenden
Abläufe,
die einschläfernde
Wirkung von
Musik.
Ich erkannte,

wie tragisch jemand
enden kann, der sich
nicht in die Zwänge
fügt, vereinsamt
und mit Bedauern
belegt, mit
Skepsis beäugt

und eingepfercht in etwas,
das fortan seine Festung sein soll.

Ich erkenne die Grausamkeit
in allem, was du sagst,
denn du zeigst mir das Negativ
der Welt, du lenkst ab,
du gibst mir das Gefühl,

mit dem Zustand der Welt
zu übertreiben. Es ist nicht
deine Grausamkeit, sie ist
einfach da, um uns herum,

in allen sich ereignenden Momenten,
in der Vergänglichkeit der Jugend,
in der Banalität des Verhaltens, in der
dauerhaften Störung unserer Gemüter,

im Herbst.

Ich erkenne die Grausamkeit,
doch ich spüre sie nicht,
sie ist draußen vor der Tür,
doch irgendwann muss ich
das Haus verlassen.

Ich erkenne die Grausamkeit
in verpassten Gelegenheiten,
im Verpassen eines Zuges,
der noch am Horizont
zu sehen ist,

im Waswärewenn und
in der Abwesenheit des Ideals.

Wer hat gesagt, dass Kultur etwas Gutes ist?

Das Schließen der Knöpfe
eines nassen Hemdes

Mülheim an der Ruhr

Jetzt,
wo es regnet,
ist alles wieder
normal. Ich stehe

unter einer Brücke

und warte, dass
es weniger wird,
aber es bleibt
konstant.

Ich gehe los.

Kurz vor einem Unterschlupf
ziehe ich doch noch das Hemd
über den Kopf, bis ich wieder

trockenes Land unter den Füßen habe.

Mein Innenleben trennt sich
von der Welt der anderen.
Ich schaue dem Regen zu.
Auslassung. Ich gehöre jetzt

zu dem Club der Nassen.
Zum Club der Klassen.
Zum Club der Massen.

So war der Weg von dem einen
oder anderen Stolperstein geprägt.
Da ist nun alles, was du denkst, alles,
was du weißt, wissen willst, auf einem

Haufen, nachnehmbar,
kann man auch mal
später nehmen. Alle

Antworten liegen in der
feuchten Sommerluft.
Die Knöpfe des Hemdes

schließe ich erst später,
wenn mein Äußeres
mehr hergeben kann,

wenn es dann
will, wenn es
das Wesentliche
berühren will,
kann, möchte,

ist es unwesentlich schwerer
als das, was ich mein Eigen
nenne. Es plätschert noch
immer von den Häusern.

Ich stehe da
und gucke zu.
Da werden Zei-
tungen geliefert für
den Kiosk, da werden
Geschäftsöffnungen vor-

bereitet, der Einzige,
der nichts zu tun hat,
bin ich. Seitdem fühle
ich mich nutzlos. Seit-

dem ich meine Füße wieder
auf trockenem Land habe,
weiß ich wieder, wo ich bin.
So ist mein Sonntagmorgen
um circa 2:20 Uhr in der Früh.

Letztendlich war ich nass,
doch spürte es nicht.

Deine Verrücktheit

Deine Verrücktheit ist gestorben
und es ist dir nicht mal aufgefallen,
hattet schon lange keinen Kontakt mehr.

Du hast die Beerdigung verpasst.

In deinen Briefkasten
hast du schon lang nicht mehr geschaut,
deine Arbeit ist zu intensiv.

Jetzt ist deine Verrücktheit gestorben
und du bist nur noch eine leere Menschenhülle.

Ich warte auf dich

Ich warte auf dich.

Was ich tue,
während ich warte,
ist nicht echt.

– Ich simuliere es nur,
meine Aufmerksamkeit
ist geteilt:

Aufmerk - samkeit!

Ich denke nach . . .

. . .

über Postleitzahlen
und meinen Anteil
am Weltgeschehen,

über mein Gefühl
und das, was ich
letzte Woche gemacht
habe: Ich kann mich
nicht erinnern.

. . . über dich.

Da ich auf dich warten
muss, habe ich mehr
Zeit. Wenn ich nicht
auf dich warten müsste,
hätte ich mehr Zeit mit dir.

Also warte ich auf dich.

Und während ich das

tue, ist nichts von dem, was ich
tue, echt.

Aufmerk - samkeit.

Häuser links und Häuser rechts

Der Weg, den ich gehe, ist leer.
Da sind keine Menschen, keine
Autos, kein Zeichen von Leben,
nur Häuser links und rechts und

vorne und hinten und ich biege
ab und an ab, um die Richtung
beizubehalten. Und dann denke
ich an eine Kleinigkeit, die du

mal gesagt hast,
die nur wenig
bedeutet, aber
stellvertretend ist

für mehr,

fühle mich kurz trübselig, danach
zurück in die Kontrolllosigkeit,
wo das Trübsal im Chaos verschwimmt.

Es ist spät,
sehr spät,
und der Morgen
wird von Kopf-
schmerzen
belagert sein.

Ich brauche einen
kleinen Grund, um
weiter nach Hause
zu gehen, suche

danach in meinem Kopf,

doch ich finde nichts.

Also gehe ich nur
noch aus Gewohn-
heit. Dann denke
ich an einen Ort,

wo wir waren, und rutsche
fast auf der Wehmut aus,

die von mir herunter auf den
Boden tropft. Würde mir ein
Mensch begegnen, würde er
an mir verzweifeln. Also bin

ich auf der Hut,
schaue niemandem in die Augen,

er könnte an mir
interessiert sein.
Heute bin
ich kein Multiplikator

des Friedens,
denn die großen
Gefühle sind zu
Besuch und wechseln

sich ab mit der
alles umgebenden
Bedeutungslosigkeit
des menschlichen Fühlens.

Diesen Tag

Ich nehme mir diesen Tag
(Dienstag). Es ist windig,
fast stürmisch und
ich befinde mich im Schutz

von vier Wänden.

Ich bleibe im Haus,
schaue aus dem Fenster.

Der Wind verweht die
hohe Luftfeuchtigkeit.

Draußen steht ein
Fahrrad an eine
Laterne gelehnt.

– Das Schloss ist
überflüssig,

keiner geht vorbei.

(...)

Das war in einer
Wohnung in Haarlem
– im Erdgeschoss,
wo ich in einem
Zustand völliger
Neutralität
gewesen bin,

desillusioniert

und nur ein
kleines bisschen
verliebt.

Der kindliche Freiflug
oder: Berg und Tal

Du
verurteilst
mein kindliches Gemüt,
meinen Freiflug über
die Supermarktketten
und zertretenen Getränkedosen.

Du wirfst mir das vor
und holst mich auf den Boden,
damit ich auf deinem Pfad gehe,
der uneben und
beschwerlich ist.

Natürlich willst du
ihn nicht alleine gehen.

Also schießt du deine
potenziellen Wanderpartner
vom Himmel herunter
und holst sie mit auf deinen Weg,
auf den Boden der Tatsachen,
rekrutierst sie
für deinen Umweg
durch Berg und Tal.

Wenn du doch nur nicht so gefasst wärst,
könntest du dich über der Welt verteilen,

doch du bleibst auf dem
Boden der Tatsachen
und schießt weiter
Tontauben,

eine nach der anderen,
damit niemand freier ist als du.

Der Fluss und der Torf

Mein Gefühl und der Bach, den ich höre,
vermischen sich mit der Torflandschaft,
die sich weit, weit vor mir erstreckt, und
nirgendwo ist ein Mensch zu sehen, der

es wagen würde, meine Ruhe zu stören,
meinen Weg zu kreuzen und mich dann
schlagartig aus meiner inneren Ruhe zu
wecken, mein Gefühl zu stören, meinen

Moment zu stören, meinen Augenblick zu
verfälschen, meine Balance zu vergiften,
meine Stimmung zu trüben. So gehe ich
ein paar Meter entlang des Torfes, wo

grade niemand ist, und freue mich über
das Geräusch des Baches und auch über
die Abwesenheit von allem, was einen
Einfluss auf mich haben könnte, den ich

derzeit wirklich nicht ertragen könnte.

Eine Straßenkreuzung

Ich sehe eine Straßenkreuzung,
an der ich mal gesessen habe,
auf jemanden gewartet habe,
auf dem Boden im Spätsommer.

Da habe ich einfach gesessen,
mir nichts dabei gedacht,
wenn die Leute starrten,
wenn sie sich fragten, warum.

Ich lehnte dort an einem Zaun,
es war sehr unbequem, aber
ich war im Gleichgewicht
– mit mir selbst und dieser Welt.

Da war keine Bank und keine
Vorgabe für ein Verhalten,
kein Sitzplatz, kein Stein,
nichts weiter Regelgebendes.

Das war an einem Kreisverkehr,
das war an einem Samstag,
das war in einer Stadt, wo
die Leute generell skeptisch sind.

Jetzt, wo ich diese Stelle erneut
erblicke, mich erinnere, aus-
schließe, dass ich die Stelle
mit einer anderen verwechsele,

kehrt das gesamte Gefühl, welches
ich damals hatte, erneut in mich
ein und spendet mir den kurzen
Augenblick großer Zufriedenheit.

Kino

1. (Ganzweitweg)

Ich fühle mich ganzweitweg.

Ganzweitweg ist freundlich,
ist viel zu lange schon überfällig.

Ganzweitweg
kann man nicht wirklich verstehen.

Ganzweitweg
ist das Gegenteil von ganz nah.

Jetzt, wo ich hier draußen bin,
sehe ich mich um.

Es ist Frühling,
doch da steht ein kahler Baum.

Mein Verhältnis
zu meiner Umwelt
ist distanziert.

Ganzweitweg ist nun ein
fester Bestandteil meiner

Gefühlspalette.

Hier und da denke ich an
die mir ferne Gesellschaft,
doch niemand ist da.
Meine Ohren vernehmen
ein konstantes Geräusch:

Da steht ein fast leerer Kühlschrank

und brummt.

2. (Kino)

Ich sitze weit in mich selbst zurückgelehnt.

Ich bin tief in mir selbst.

Ich liege neben dir, doch kilometerweit entfernt.

Der Hauch unserer Stimmen
würde das Ohr des jeweils
anderen streifen, doch wir
würden uns nicht verstehen.

Es ist einsam hier.

Ich lehne mich zurück.
Ich bin im Kino.
Ich beobachte euch.

Ich rufe euch etwas zu
und ihr seid verwirrt.

„Wo kam das her? Ach, da ist er ja! Was will er bloß?"

Meine Perspektive ist weit,
weit draußen und überall.

Ich

strauchele,
stolpere,
taumele

durch die Welt,
weil ich weniger Kontrolle habe,
wenn ich weit in mich zurückgelehnt bin.

Euch irritiert das und
so findet ihr mich
eigenartig, seltsam.

Ich höre euer Geschrei, als wäre es
weit, weit weg, als säße ich im
fünften Stock bei offenem Fenster.

Der Tumult in der Ferne,
ich selbst in der Routine.
Mein Platz ist bequem,
auf meinem Platz bin ich
teilnahmslos.

Ich möchte nicht auffallen,
ich möchte nicht

unangenehm sein.

Dabei seid ihr mir
doch so oft
unangenehm.

Ich bin ich – km-weit entfernt.

Solange ich nicht anders kann,
bleibe ich ein Flipperball.

Solange das so bleibt,
lehne ich mich zurück in meinem Kinositz

– und schaue euch weiter zu.

Solange ich euch weiter zuschaue,
bin ich ein stiller Beobachter.

In der Fürstenstraße
oder: Nassestraßensonntag

In der Fürstenstraße hat sich
einiges verändert. Ich hatte
es an einem Nassestraßen-
sonntag festgestellt, als

es kurz zuvor geregnet
hatte, da ging ich noch
weiter, um weitere Teile
der Stadt zu überprüfen.

Es war nicht

nur diese eine Stelle,
außerdem war alles
menschenleerer,
sonntäglicher

eben.

Diese Veränderungen habe
ich nicht erlebt, weil ich
zuvor gegangen war.
Wenn die Läden

die Besitzer wechseln,
mag einiges im Gange
sein, aber im Grunde
genommen wechseln

nur die Läden ihre Besitzer.

Das Lyrische Du II

Die Realität

knabbert an der

Fiktion,

bis nur noch da ist,

was wirklich da ist.

Zwischen den Gegensätzen
pendelt sich irgendetwas aus,
bis es an genau der richtigen
Stelle sitzt. Plötzlich weißt

du mehr, als du vorher noch gedacht hast.

Fasziniert vom Ausmaß der Vereinfachung,
tiefe Begeisterung empfindest du dafür.
Das ist dein neues „Lyrisches Du",
deine neue, hochoffizielle, korrekte Anrede.

Post

Du wolltest zur Post,
danach wiederkommen,
aber du kamst nicht,
bis heute nicht.
Jetzt stehe ich da
und schaue mich um.
Du könntest überall sein.

Das große, unerklärliche Ganze

Durch eine
perfekt geputzte
Scheibe sehe
ich ein wildes
Treiben, ein
ständiges
„Hin und Her",
Gesellschaft.

In diesem Bild
sehe ich keine
Wertung, keine
Kritik oder Sprache,
das Bild folgt
keiner Logik.

Das Ankommen,
die (statischen) Abkommen,
die Abfahrten
und der Wille des Einzelnen
bestimmen das
Treiben, die Dynamik.

Während ich es
beobachte, bestimmt
das Treiben auch
das Treiben und
es wird unübersichtlich,

jeder Erklärungs-
versuch verliert
sich im Chaos
und an Bedeutung und
wieder ist alles
in einem großen,

unerklärlichen Ganzen.

Das Große Ganze ist ein freies Feld,
ein weiter See, ein blauer Himmel.
Die Wissenschaft kraxelt im Detail.

Das Große Ganze wird bisher nicht untersucht.

Saurier oder: Aus dem
Nähkästchen des Brontosaurus II

Ich bin ein Dinosaurier aus einer
längst vergangenen Epoche.

Ich bin ein Anachronismus, ein seltsamer Kauz.

Wo meine jungen Jahre liegen,
liegt heute noch ein Potenzial,
das ich dort vergessen habe,
mir aus der Tasche gefallen ist,

irgendwann mal im Frühling.

Sofern es niemand nahm,
müsste es noch dort sein.

Was ich als erfahrener Dinosaurier
mit Sicherheit sagen kann, ist,

dass das Bedauern

gestern,
heute und
morgen

einen großen Stellenwert hat.
(Manche bedauern auch das Bedauern.)

Ich bin ein Brontosaurus
und verschwinde von der Straße
in einer Reihenhaus-Haustür,
trage einen Koffer und einen Hut.

– Wer macht denn heut noch sowas?
(Eine berechtigte Frage.)
Dorthin läuft mir niemand nach,
früher war meine Wohnung voll mit Gästen.

Wer interessiert sich denn für ein Fossil
von 50 Tonnen Eigengewicht,
dabei war ich mal das größte Tier,
das über diesen Planeten gewandelt ist

(von dem man weiß),

doch heute kennt mich niemand mehr,
bin nur ein alter Saurier, nur ein Fossil.

... ein Dino.
... aus einer längst vergangenen Epoche.
... ein Anachronismus.
... ein seltsamer Kauz.

Perspektivwechsel

Ich bin
nur manchmal
ich

und manchmal
bin ich du.

Manchmal
bin ich der,
der an der
Mauer lehnt,

manchmal
bin ich die,
die Brötchen

verkauft.

Sieh dich um!

Jeder kann ich sein!

Manchmal bin ich
sogar der Typ
vom Ordnungsamt,

dann bin ich
die Kuh auf
der Weide,

der Fisch
im Glas,
im Wasser.

Manchmal
bin ich auch
ich selbst

und manchmal
auch ein Baum,

ein Stein.

Bei jedem Versuch,
wieder ich selbst
zu werden,
stolpere ich über

unsere Unterschiede.

Wie werde ich nun wieder ich selbst?

– Wer bin ich überhaupt?

Manchmal
bin ich der,
der sonntags
spazieren geht,

manchmal
ein Diktator,
manchmal

der versoffene
Schützenbruder.

Manchmal bin ich
die Prinzessin von
Fantasie-Hausen,

manchmal der
Alleskönner
von nebenan,

der Ritter,
der Pirat,
auf der Suche nach
meiner Lieblingsepoche.

Der komische Kauz
bin ich schon oft gewesen,
der alberne Vogel seltener,
aber auch.

Meine Perspektiven sind
so zahlreich geworden,
dass ich meine eigene
kaum noch erkennen kann.

Ich ziehe mich zurück
und suche nach ihr.

Sie nennen mich sensibel.

(...)

Nun,

da ich jeden
Blickwinkel
zu kennen glaube,

wird es langweilig.

Auf der Suche nach neuen Eindrücken.

Jede Perspektive
einmal angenommen,
weiß ich bereits
vorher, was sie
sagen wollen,
kenne ich die Intentionen.

Und manchmal frage ich mich,
wie sie sich von ihrer Warte aus
amüsieren können.

Der eine ist nie zufrieden,
der andere dauernd.
Da war auch mal einer,
der wechselte stündlich.

Die eine dort ist glücklich,
denn sie beschützt sich vor der Welt.
Die andere da ist an der Wahrheit
mehr interessiert als andere.

Manchmal
erschlägt mich
die Vielfalt.

Ich bin nur manchmal ich
und manchmal bin ich du,
doch meistens bin ich
ein ganz anderer.

Einen Zentimeter

Ich sehe einen Zentimeter
deines Gemüts
durch deine Augen
nach draußen schimmern.

Es ist der kurze Moment
des Gleichaufseins,
das uns zeitweilig
vereint, eine Brücke baut,

einen Funken Ruhe schafft,
der uns gegenseitiges
Verständnis spendet.
Auch wenn wir danach wieder

Feinde sind, eingespannt ins
Netz der Konkurrenz.
Dieser Zentimeter,
den ich sehe, sagt mir mehr

über dich als alles, was du
mir sagen könntest.
Der Moment,
in dem ich ihn erkenne,

muss genau abgepasst sein,
es muss der
Augenblick sein,
in dem du die Maske fallen lässt,

in dem du dich kurzfristig
(ganz plötzlich) nicht
mehr hinter deiner
Souveränität verstecken kannst,

in dem alle deine bisherigen
Oberflächenprofile
plötzlich nicht
mehr aufzufinden sind.

Nur in diesem Moment erkenne ich:
dich – im Zentrum absoluter Wirklichkeit.

Jetzt, wo wir uns
kennen, aber
eigentlich nicht,
sind wir schon zu

Freunden geworden.

Mehr war auch gar nicht nötig gewesen.

Perspektive

Nun,

da um mich herum Spiegel stehen, sehe
ich mich aus jeder denkbaren Perspektive,

kein Zentimeter
bleibt
verborgen,

kein Moment
bleibt
unbeobachtet.

Alles,

was
mich
mich
selbst

erkennen lässt,

ist erkennbar,
Ausweichen
fällt schwer.

Wer ist dieser Mensch
– bin ich das?

„Lange nicht gesehen,
mein Freund!"

Existenz ist etwas Merkwürdiges.

Wie

kann es sein,
dass sich mein
Körper in dieser
Realität befindet?

Wie korrespondieren sie,
auch, wenn ich mal
nicht drüber nachdenke?

Nun,

da um mich herum
Spiegel stehen, sehe
ich mich selbst und
meinen fragenden Blick

in die Welt.

Deutschland zwischen den Städten

I

Das Wasser steht hoch im Fluss.
In der Ferne stehen Strommasten,
sorgsam aufgereiht
zur Sicherung der Zivilisation.

Das ist

Deutschland zwischen den Städten, das ist
Deutschlands Wildnis.

II

Als sich der Schleier meiner
alten Vorstellungen lüftete,
war ich kein aufgezogenes
Spielzeug mehr. Plötzlich war

ich ein anderer,
ein Ruhigerer,
Gelassenerer,

da wurde mir bewusst,
dass es mein früheres Ich war,
das zum Vorschein kam.

Es hatte sich lange
stillschweigend mittragen lassen.

III

Schon wieder ein Fluss.
Er ist geradläufig genug, um
bis zum Horizont zu sehen.

Morgen kauf ich mir ein Ruderboot
und fahre bis zum Meer.

Ohne Titel II

Ich seh in deine Augen
und ich sehe mich selbst,
erkenne mich in dir,
wie du verloren bist
in deinem Gefühl
wie in einem dieser Filme,
in denen einer
von zu Hause weggeht
und nicht mit der Freiheit
klarkommt,
verloren ist auf der Straße,
die km-weit
von Stadt zu Stadt führt,
zu Fuß
mit einem Wanderstock,
an dem ein Tuch gebunden ist
mit etwas Hab und Gut,
und diesen Stock
trägst du geschultert
auf deinem Weg
in die nächste Stadt,
wo du wieder
fremd sein kannst.
Vorläufiges Ende.

Das Papier in Deutschland

...

ist erbarmungslos.

Und mich bedrückt
das Wort „Datensatz"
in ungeahntem Ausmaß.

Dafür ist es noch
zu früh am Morgen.

Was ist das für eine Welt?

(dunkler Herbstmorgen,
Nebel, geschmackloses
Frühstück, schwacher

Kreislauf)

Die Zukunft hat kein Gesicht.

Einkaufsstraße 19:50 Uhr
oder: Das viel zu lange Adjektiv

Im dauerhaften Getümmel
der Einkaufsstraße ist es
19:50 Uhr und die Ramsch-

händler bauen ab.

Es ist Herbst.
Es ist viel-zu-
lange-schon-
hier-draußen.

Dieses viel zu
lange Adjektiv
betitelt einen
viel zu langen

Abend.

Jetzt wird es ruhiger,

die Reihen lichten
sich, sie fliehen
vor der Dunkelheit,

das letzte Geschäft macht zu.

Entschuldigung, wir schließen gleich!

Feierabend.
Einsetzende
Nacht. Ein
trostloses

Herbstgefühl.

Ein leerer Briefkasten
und vor dem Fenster
geht ein letzter Passant
seine letzten Meter ins
Wohngebiet.

Danach ist alles leer,
kein Mensch mehr
auf der Straße,

denn es war

viel-zu-lange-schon-da-draußen.

Der vergessene Traum

Der Traum, der mich
schreiend aus dem
Schlaf riss, ist sofort

vergessen, weg, nicht
mehr im Gedächtnis,
just in dem Moment,

in dem meine Augen
die mich umgebende
Dunkelheit erkennen

und ich verstehe, dass
es Nacht ist und ich
schlafen sollte, doch

schlagartig fokussiert
auf meine Umwelt
bin und sein möchte.

Ein Sicherheits-Wieder-
Herstellungs-Bedürfnis,
sonst nichts in meinem

Interesse, Bewusstsein,
nicht in meinem Kopf,
Gefühl, alles völlig

klar.

(wieder bei Verstand)

Langsam verklingt
der letzte Ton
meines Schreis
in den Weiten
des Schlafzimmers,
umgeben
von dunkler Nacht,

völlig isoliert und aufgescheucht
von einem wilden Traum,
der längst schon wieder vergessen ist.

Distanz

Als er eines Tages
zu ihr sagte, dass
ihre Meinung nur
der Eindruck ihrer

Erfahrungen sei,
stand sie auf und
ging. Er verstand
nicht, warum. Sie

verstand

nicht, warum er
nicht verstand.
Und

so gingen sie beide
in unterschiedliche

Richtungen,
verdammt
dazu, sich
immer weiter

voneinander zu entfernen.

Die Sprecherstimme
einer Dokumentation

Du bist einer von
diesen souveränen
Typen. Das sehe ich
dir an. Das Schlimmste
für dich wäre eine

peinliche Situation,
über die Stränge zu
schlagen, also bleibst
du still und sprichst
mit dem Tonfall einer

Sprecherstimme einer
Dokumentation, nur
wenn du gefragt wirst
oder etwas Tolles zu
berichten hast. Fragen

stellst du nicht, Gefühle
zeigst du nicht, Spaß
hast du nicht, nur das
Gefühl am Ende des
Abends, einen perfekten

Auftritt hingelegt zu
haben. Wann hast du
das letzte Mal so richtig
durchgeatmet? Du hast
dir ein enges Korsett

gezogen.

Dein Name

Deinen Namen habe ich
mir nicht gemerkt,

nur,

dass du einer von denen bist,
die zu souverän sind, um zu lachen,

wenn jemand vor einer
Tür steht und drückt,

obwohl auf der Tür
in großen Buchstaben

ZIEHEN

steht.

Das bist du für mich.

Schwarzaufweiß

Was du schwarzaufweiß liest,
braucht keinen Titel
für den Moment,
für den Wimpernschlag,
für den Augenblick,
in dem du es schwarzaufweiß liest,
in dem du kurz die Welt vergisst,
in dem du keine Fragen hast,
obwohl du nichts verstehst,
weil da nichts ist,
weil da nie etwas war,
weil da vielleicht später etwas ist,
aber eben später,
aber eben nicht jetzt.
So sieht das aus:
schwarzaufweiß.

U-Bahn-Meditation

Als ich in der U-Bahn einen
meditativen Zustand erreicht hatte,
verlor ich mein inneres Chaos,
stand regungslos da und starrte.

Die Dauer dieses Moments
ist in Sekunden nicht auszudrücken.
Zeitlos und zeitgleich
gleitete der Zug durch das
innerstädtische Autobahnland,
hier und da liegt Schnee,
nur selten geht jemand zu Fuß.

Ich nehme all das nicht wahr,
ich starre.
Meine Konzentration auf mein
inneres Wohlbefinden lässt mich
der Außenwelt gegenüber
ignorant werden,
verwischt meine
Vorstellung von Realität.

Es ist still in mir,
es ist laut outside,
es ist alles
insgesamt eine Vorstellung,
die ich zu kontrollieren scheine.

Was sich meiner Kontrolle entzieht,
ist weit entfernt von mir,
meine Mitte bestimmt mein Handeln,
mein Handeln meine Umwelt.

Meine U-Bahn-Meditation
neigt sich dem Ende.
Es ist kein großer Umstand,
ich trage sie mit
in meine persönliche Ruhe.

Gefühle

Ich speichere Gefühle,
archiviere sie abrufbar.

Erzählst du mir was,
fühle ich was.

Manchmal gibt es
ein Gefühl
für zwei Erlebnisse.

Das mache ich schon
mein ganzes Leben.
Ich weiß nicht, wie
es ist, wenn man es

nicht macht.

Also speichere ich Gefühle
und archiviere sie abrufbar.

Glaubst du, nicht verstanden
zu werden, so tue ich es doch.

Manchmal ist es eine
Ablenkung von mir selbst,
denn ich bin viel zu sehr
in deinem Kopf.

Dort sammle ich Gefühle.
Dort bin ich eine
Zeit lang zu Hause.

Ich sammle Gefühle
– ich notiere sie mir,
und zu Hause meißle ich sie
in Stein, stelle die Steine
in den Garten,
hinters Haus.

Manchmal,
wenn ich mich
an ein Gefühl
nicht mehr erinnern kann,
gehe ich in den Garten
und lese die Steine.

Es ist meine
ganz private
Sammlung – hinter
meinem Haus,
dort, wo es täglich regnet.

Manchmal
bin ich verwirrt,
verstehe die Welt
nicht mehr.

Dann weiß ich
aber eins:
In meinem Garten
stehen Steine
mit Gefühlen darauf.

Das Vereinen der Gegensätze
oder: Wie etwas sein kann

Plötzlich hatte ich Ruhe
und dennoch war es laut.
Wie kann das sein, magst
du dich fragen, und ich

sage dir: *Das Vereinen*
der Gegensätze ist der
Inbegriff der Weisheit.

Die Infragestellung der Dinge
ist der Schlüssel dorthin.

So wusstest du sofort,
was du davon halten

solltest, und die Ruhe,
die ich empfand,
ist für dich plötzlich

nachvollziehbar gewesen.

In diesem Moment des
gegenseitigen Verstehens
mussten keine großen
Sprünge gemacht

werden.

Sonst müht man sich ja ab.

Es hatten zwei Sätze gereicht,
die wir beide inzwischen
schon wieder vergessen haben.

Auf die gleiche Weise

Jeder Gedanke an
dich ist ein
Gedanke an Damals,

an irgendwann, als
alles noch einen Penny
gekostet hat. Im Kopf

laufe ich dort noch
herum und bin ver-
loren und suche nach

jemandem, der auf
die gleiche Weise ver-
loren ist. Dabei bist

du doch ständig
da gewesen und
wir liefen ständig

aneinander vorbei,
umeinander herum
und trotzdem parallel

nebeneinander her.
Du wirst mich nicht
fragen, wie ich das

meine. Du wirst es
sofort verstehen und
es bedauern – wie ich.

Als ich meinen Körper
ins Museum stellte

Als ich meinen Körper
ins Museum stellte, ging

plötzlich

alles ganz schnell.

Zuvor

war es schwer gewesen,
mit viel Handwerk im Gepäck,

mit mühsamen Stunden der Übung.

Jetzt steht mein Körper
im Museum, kein Bild,
das ich gemalt habe,
einfach nur mein Körper.

Als

ich noch Bilder malte,
gabs den Hungerlohn,

heute wird fürstlich gespeist.

Seit mein Körper
im Museum steht,

wollen alle etwas von mir wissen,
wollen mich kennenlernen.

Rückblickend war alles so
einfach gewesen. Ich hätte

einfach

schon früher meinen Körper
ins Museum stellen sollen.

Damals

1. (Damals)

Damals,
als man die Dinge noch
anfassen konnte,
habe ich einmal tief durchgeatmet.

So tief,
dass es schon fast nicht
mehr weiterging,
und dann noch etwas mehr.

Da war ein Baum,
den habe ich angefasst.

Da war eine Mauer,
die habe ich angefasst.

Da war ein Haus,
das habe ich angefasst.

Da waren Blumen,
die habe ich (sehr vorsichtig) angefasst.

Damals,
als man noch wusste,
wie Instrumente klingen,
habe ich einmal ganz lange

die Augen geschlossen.
So lange,
dass es fast schon
lächerlich wurde,

und ich dachte, die Leute
würden mich anstarren und
merkwürdig finden, und
dann noch etwas länger.

Da war ein Bass,
den habe ich gefühlt.

Da war eine Trommel,
zu der bin ich zum Spaß marschiert.

Da war ein Cello,
das habe ich von weiter weg gehört.

Da waren Bongos,
zu denen bin ich eingeschlafen.

Damals,
als man noch wusste,
wie Gemüse schmeckt ...

Damals,
als alles noch damals war,
war alles von Bedeutung.

Damals,
als alles noch damals war,
war heute noch morgen.

2. (Damals II)

Damals,

als das Leben noch keine Checkliste war,

blühte der Wacholder
zum Erntemonat genau.

Dann nahmen sie die Körbe und pflückten
an einem Sommernachmittag.

Eine freistehende, kleine Kapelle ist

weit draußen,
weit weg vom

Ortseingangsschild.

Keiner geht hin,
keiner kommt daher,
ab und an geht einer dran vorbei.

Keine Pilger sind in Sicht,

nicht heute.

(...)

Da ist ein leicht ans Ufer plätschernder See,
der beinahe (aber eben nicht vollständig)
still liegt, wenn hier und da ein Tretboot
hindurchpaddelt. Da ist eine Brücke

aus der Stadt hinaus. Da sind klackernde
Gleise beim Auffahren auf die Brücke. Da
sind lange Waldwege und sonst nicht viel,
kaum ein Geräusch, nur ein stilles Damals.

3. (Die Differenz zwischen Irgendwann und Heute)

Zu meiner Zeit,
als man noch
Gemüse im Garten
anbaute,

war eigentlich alles so,
wie es heute ist.
Das hättest du erleben sollen.
Alles war,

wie es damals eben war.
Noch nicht so,
wie heute alles ist.
Das ist die Differenz

zwischen Irgendwann und Heute.

Jetzt weißt du Bescheid!
Du! hast was verpasst.
Ich weiß was, was du nicht weißt.

Der Morgen ohne Gesicht

Wenn ich über die Häuser sehe,
finde ich mein Innenleben
über die Landschaft verteilt.

Es ist Donnerstag, 11:00 Uhr morgens.

Hier und da ragt ein Kirchturm in die Luft.

Dortmund ist im Grunde flach.

Der Morgen hat kein Gesicht,
ist nur ein Morgen – unterwegs.

Das Wasser, das man in die Stadt gepumpt hat,
ist jetzt ein See geworden.

Das geflutete Tal ist nun umgeben von Elite,
jeder Versuch von Widerspruch
verliert sich im Verlauf des Morgens.

Die Dauer des Morgens ist fast vorbei
– 11:59 Uhr.

Ich stehe vor einer großen Uhr
und warte, dass die Zeiger umschlagen.

– 12:00 Uhr: Der Morgen ist vorbei.

Über das Bemalen des Schleiers

Der Augenblick, in dem
der Schleier in dir fällt,
den du bemalt hast,
über Tage und Wochen

mit einer Illusion besten
Ausblicks, ist meistens
an einem Sonntag.
Dann wäschst du dein

Gesicht, wie du es in-
nerlich mit der viel
zu dünnen Lein-
wand gemacht hast,

und fängst von vorne an.

Überblick

Der Überblick kommt zurück und er
zeigt sich stark und erhaben, bereit,
sich selbst zu erhalten, wie es eben
geht, denn manchmal verschwimmt

er, doch

dieses Mal ist er zuversichtlich,
immer öfter präsent zu sein
und das noch mit steigender

Intensität.

Das ist seine Position, welcher
er nicht weichen wird, das ist
seine Stärke und Weisheit,
welche er in voller Pracht
nach außen strahlt. Die
anderen gestehen ihm
das zu, was man vielleicht
als Stärke und Weisheit
bezeichnen könnte.

Der Impuls war nur der Überblick und da
ist plötzlich eine Struktur vor mir, die ich
vorher nicht gesehen hätte, doch dann
habe ich sie wahrgenommen, und das

verdanke ich dem Überblick.

II

(Zweite Teile)

Nun ist alles nur ein weiterer Teil von irgendwas.

Die Vorhersehbarkeit durch die immer wieder
nach außen schimmernden Zusammenhänge,
erfüllen zwar ihren Zweck, allerdings ist da
noch der zwischenzeitlich-immer-mal-wieder-

auftauchende Unmut durch den Mangel an
Faszination und an der Begeisterung beim
Neue-Dinge-Erleben/Entdecken. Das wäre

mal wieder angebracht, um dem zu entgehen,
was immer schon Teil von dir selbst war: dein
in-dir-schlummernder Gedanke an die kleine
Identität, welche über einen verfügt. Ende.

III

(Strecken und Abläufe)

Die Strecken, die dir so geläufig sind,
die Abläufe, die du so gut kennst, es
ist das, was eigentlich dein Leben
ist, auch wenn du Fantasien von der

Ferne hast.

IV

(geht, gestaltet, gibt)

Meine Gebräuche werden kopiert,
sie stehlen mir die Ideen, aber so
empfinde ich es nicht. Sie machen
mir nach, wie ich mich verhalte, so

geht es schon seit circa einer Woche,
so gestaltet es sich mir schwierig,
zu leben, gibt es mir das Gefühl
der Nichtzugehörigkeit, ist es nur eine

Kopie meines Benehmens,
leicht und unbekümmert,
kaum gestört von dem,
was die anderen denken,

was sie reden,
wenn sie reden

über Dies und Das und

alles, was dazwischen liegt.

Das ist ihre Vorteilssammlung,
die automatisch damit einhergeht,
dass es dir doch einfach insgesamt

besser geht.

V

(Manchmal)

Manchmal liegt in dem,
was schwer zu verstehen ist,
ein tiefergehender Sinn
und manchmal auch nicht.

Schwer zu sagen, ob es sich lohnt,
das musst du entscheiden, doch
weißt es immer erst hinterher.

VI

(Das Konzept von Manchmal)

Das Konzept von „Manchmal"
lässt alles offen und so ist der
Zustand eines Manchmals sehr
geliebt und oft gewählt, wo doch
die klare Ansage der Grundstein
der Zivilisation ist und diese
doch im Allgemeinen für
etwas Gutes gehalten

wird.

Das Konzept von Manchmal ist schwierig,
schwer zu verstehen. So verstehen es
nicht viele und wenden es doch an

– und

das völlig ohne Bedenken, als wäre
es einfach nur irgendetwas. Das ist
der immer wiederkehrende Fehler

im Verhalten,
im System verankert,
im Gefühl und
in der Prägung.

Wie kann man nur etwas anwenden,
wo man es doch nicht versteht, das
ist wohl zu schwierig, so schätze auch
ich selbst es ein. Man braucht lange
für die Entschlüsselung der Dinge.

Man kann wohl kaum
jemandem etwas vorwerfen.

VII

(Entdeckungen)

Ich fliege ein paar Meter
und stelle fest, dass es ein
schöner Tag ist. Ein

perfekter Tag, um den Überblick zu rekonstruieren,
ihn zu malen, falls er erneut verloren gehen sollte!

Also male ich jeden Zentimeter perfekt durchdacht
und stelle fest, dass ich als Dilettant Zeit brauche,

viel, sehr
viel, so
viel,

dass es schon schwierig wird, den
Überblick zu behalten,
wenn man den Überblick abzeichnet
– in vielen Stunden,
mit großen Mühen und
auf viel zu vielen Quadratmetern Papier.

Das alles lässt sich kaum noch zählen,

aber es ent-

wickelt sich zu einer neuen Aufgabe,
völlig neuer Qualität. Das ist der Stoff,
aus dem irgendwelche Träume sind.

Freudentaumel

Im Freudentaumel stolperst
du über das Kopfsteinpflaster
Duisburgs, verscheuchst dabei
die Tauben (unbeabsichtigt),
hoffst, dass sie es dir nicht
übel nehmen, ergibst dich
dem allumfassenden Chaos.

(Frühjahr)

Das toskanische Rühreisandwich
(du hast es dir grade gekauft) ist
der erste Versuch, etwas Neues
zu probieren, du verschlingst es
regelrecht, genießt das Gefühl
eines beendeten Abschnitts.

(Wechsel des Regelwerks)

Am Scheideweg deiner vielfältigen
Möglichkeiten nimmst du dir einen
Augenblick, deinen Campingstuhl
und dein (spontan gekauftes)
toskanisches Rühreisandwich
und wartest auf eine Eingebung,
auf ein (alles erklärendes) Zeichen.

(Warten)

Wenn ich mich nicht irre, sitzt
du noch heute dort – warum
auch nicht? Den Platz hast du
für dich, die ganze Kreuzung,
das ganze Gefühl des Moments,
den ganzen Scheideweg deiner
vielfältigen Möglichkeiten.

(Ende der Geschichte)

Ein Regenschauer mit weit auseinanderliegenden Tropfen

Der Regenschauer von vor 2 min liegt
jetzt auf der Straße. Es war ein kurzer

Schauer, ein kleiner
Schauer, bei dem die

Tropfen

weit auseinanderlagen.

Um Pfützen zu bilden,
war es nicht genug.
Um trocken zu bleiben,

war es zu viel.

Da war ein Passant,
dann ein anderer,
eine große Straße,
von der ich nicht weiß,
wohin sie führt.
Also gehe ich
in die *andere* Richtung.

Bekannt ist mir nur
meine Welt, keine andere.

Bekannt ist mir nur
der Grund und Boden,
den ich stetig begehe,
nicht das, was jenseits

der hohen Häuser liegt,
wenn man unter dieser
einen Eisenbahnbrücke
hergeht und der Straße

folgt,

wenn man einfach immer weitergeht.

(. . .)

Die falsche Richtung

Als ich in eine U-Bahn stieg,
war ich fest von der Richtigkeit
der Richtung überzeugt,
doch als ich meine Augen

öffnete, war Endstation und
ich musste wieder zurück,

da war dann nichts.

An einem
dieser Sonntagmorgen, an

denen es

irgendwie
zwischen
den Zeiten
ist, fahren

die Straßenbahnen in die falsche
Richtung, kann niemand mehr ein

Straßenschild lesen, ist es
zu spät, um zu gehen, und

zu früh, um zu bleiben.

Nichts ist perfekt an diesem
Morgen. Der Tag hat keinen
Inhalt. Der Morgen hat seine
ganz eigene Art, mir den Lauf

der Dinge zu zeigen. Ein betrunkener
Nachhausegeher geht auf dem Bürger-
steig eines Kreisverkehrs immer wieder

im Kreis.

Ich erkenne mich in diesem Szenario
unweigerlich symbolisiert.

Meine Augen fallen zu, immer wieder,
ab und an, die Zeit vergeht langsam,
Minute für Minute,
alle Zeichen stehen auf Abfahrt,
doch es geht nur hin und her.

So tief im Moment, dass man ihn
nicht klassifizieren kann,
hoffnungslos verloren

in einem Kölner Morgen.

Jemand anders

Ich lebe 20 Leben,
je nachdem, wo
ich grad bin. So

komm ich durcheinander

und verwirre dich
dabei, wenn ich
grade von woanders

komm und noch so bin,
wie ich vor 2 min war.

Das ist die Erklärung
für das, was dich

verwirrt, für das, was
dich stutzig macht,

wenn wir uns für
den Hauch einer Zeit

austauschen und uns
gegenseitig verwirren,

weil wir anders sind.
Und auch gleich (bei

jemand anderem) werde
ich wieder jemand anders sein.

Der Zufall

Auf einem Bild vor mir
sind die Farben in einer
großen Willkür verteilt,

wurde der Moment nicht verfälscht,

entsteht ein
verstörender
Eindruck.

Was dort zu sehen

ist,
ist

eigentlich egal.

Der Eindruck entsteht ohnehin,

ist einzigartig,
denn der Zufall
hat es gemalt

und dann war es plötzlich dort gewesen.

So einfach.

Die Insel

Ich denke nach
über Existenz,
über Ruhe, Ge-
lassenheit und

Schicksal.

Ich meditiere nicht,
ich folge den logischen
Verläufen von einem
Punkt zum anderen,
bis ich schließlich einen
großen Sprung mache
und auf einer Insel lande.

Die Eingeborenen
sind freundlich,
doch ihre Kultur
scheint mir
undurchschaubar.
Ich bin mir nicht
ganz sicher,
ob sie mich nur erforschen
oder zu ihrem Herrscher
machen wollen,

versuche,
mir nichts
einzubilden,
und bleibe
realistisch
in meinen
Erwartungen.
Sie erklären
mir ihre Kultur.
Eine Tötung
meinerseits
wird dadurch
ausgeschlossen.

Nach einigen
Wochen war
der kulturelle
Austausch
vollzogen.

So wurde
mir etwas
Zeit einge-
räumt, weiter
meinen
Gedanken
zu folgen,
und als man
mir einen
speziellen
Trank brachte,
begann eine
Zeit, an die
ich mich zwar
erinnern kann,
nicht aber an
meine synchron
abgelaufene
Umwelt.

Meine Fragen wurden jedoch
schlagartig beantwortet und
ich konnte die Insel verlassen.

Ich hatte plötzlich alle Antworten

zur Existenz,
über die Ruhe,
die Gelassenheit
und Schicksal.

Leeres Blatt

wird voller
und voller
und voller
und voller
und voller
und voller

(...)

Schlussstrich

Jetzt, wo ich versuche,
einen Schlussstrich zu ziehen
unter etwas,
das ich noch nicht verstehe,
wandern meine Gedanken
rund um den Planeten.

Alles, was ich versuche,
ist nur eine Idee,
eine Idee der Freiheit,
von der lauten Stimme,
die mich von innen heraus
kritisiert und anbrüllt.

Jetzt, wo ich versuche,
weit von hier wegzufliegen,
spüre ich mein Gewicht,
wie es mich festhält,
das alles ist nicht real,
nicht für andere, nur für mich.

Alles, was ich versuche,
endet schlussendlich
in einem Nervenchaos,
Kabelsalat vor meinen Füßen
in einer großen Plastikkiste,
geöffnet, zurückgelassen.

Ich nehme alle Kabel
und knote sie aneinander,
so entsteht mein Schlussstrich,
gigantisch, Meter für Meter,
von hier bis nach Irgendwo,
wo es mir gefällt.

Weg wäre gut, weg von allem,
doch mein Gemüt
liegt ganz oben im Koffer,
sogar über den Hemden,
die nicht knittern dürfen,
das ist der beste Platz dafür.

Die Frage bleibt,
ob die Ferne übereinstimmt
mit meinen Erwartungen,
mit meinen Vorstellungen,
ist sie so oder ist sie anders?

Während ich darüber nachdenke,
stelle ich fest, dass ich noch immer
auf meinem Sofa liege,
der Mond zu sehen ist,
wenn ich aus dem Fenster schaue,
der Tag bereits vergangen ist.

Und schon ist das Stück zu Ende,
keine Ferne,
kein Augenblick der Freiheit
auf dem Weg, auf der Strecke.
Nur ein Ende und ein Schlussstrich:

....

Deutscher Humor

I

Als er zu ihr sagte, dass der deutsche Humor darunter leide, dass ein Substantiv in einem Witz normalerweise nicht am Ende stehen kann, sagte sie ... nichts.

II

Wenige Stunden später (am nächsten Tag) kam ihr plötzlich in den Sinn, dass er damit Recht hatte. Er hatte ihre Anglophilie nicht vergessen.

III

Sie erkannte, dass er mit seiner Identität im Wesentlichen zufrieden war, und fragte ihn, wie er das aushalte. Dazu sagte er ... nichts.

IV

Wenige Stunden später (am nächsten Tag) kam ihm plötzlich in den Sinn, dass sie nur bemüht war, ihn zu verstehen. Sein schlichtes, zufriedenes Gemüt hatte sie niemals in Frage gestellt.

V

Als sie darüber nachdachte, wie er es nur aushalten konnte, ständig von ihr in Frage gestellt zu werden, grauste es ihr vor sich selbst. Sie muss die letzten Jahre unerträglich gewesen sein.

VI

Wenige Stunden später (am nächsten Tag) kam ihr plötzlich der Gedanke, dass er ihr ständiges Hinterfragen mochte, während er überlegte, worüber sie nun wieder grübelte.

VII

Wenige Stunden später (am selben Tag) kam beiden der Gedanke, dass im Grunde genommen alles gut war, wie es ist.

Gewissen

I

Man hat mir
ein Gewissen
gegeben, hat es

gefüllt, hat es
mir zur Sorgfalt
aufgetragen, hat es

für richtig erklärt.

Nun weiß ich nicht mehr,

was ich darf,
was ich will,
was ich bin,

weiß nur,

dass ich jedes
Verlangen
unterdrücken

muss,

dass ich so vieles

muss

und nicht darf.

II

Man hat mir
ein Gewissen
gegeben, hat es

kalibriert, hat es
mir zur Beschäftigung
gegeben, hat es

zur Priorität gemacht.

Nun bin ich mir selber

fremd,
falsch,
fehl am Platz,

bin nur

in der Passivität
zu Haus, beim
Nichtstun wirklich

glücklich,

bin allgemein sehr selten

glücklich

– angepasst.

III

Man hat mir
ein Gewissen
gegeben, hat es

zum Qualitätsmerkmal der
Persönlichkeit erhoben, hat es
groß gemacht, hat es

zur moralischen Instanz erklärt.

Nun ist mein Gewissen

verfälscht,
verunreinigt,
verunglimpft,

ist nicht mehr

das, was es
mal war,
und plötzlich

muss

ich tun, was alle tun,

darf

nicht ich selber sein.

IV

Man hat mir
ein Gewissen
gegeben, hat es

instrumentalisiert, hat es
über mich gestellt
– erhaben, hat es

wie eine Spieluhr aufgezogen.

Nun frage ich mich,

was ich darf,
was ich soll,
warum sie mir

das

angetan haben,
dass ich nun
all das in Frage

stelle

und mir allgemein die Frage

stelle,

warum.

Universalgeschichte

Als ich einmal
irgendwo
irgendwas
gemacht hatte

und ich mich dabei
irgendwie fühlte
und danach auch
irgendwie (vielleicht

anders,

vielleicht genauso),

war das
entweder
gut oder
schlecht.

Ende.

Schuppen von den Augen

Als ich ein Wort
in einem Song
nicht verstand,
es nachschlug
und plötzlich
jedes Mal
klar
und deutlich
verstehen konnte,
erkannte ich,
was es heißt,
wenn man sagt,
dass es einem
wie Schuppen
von den Augen fällt.

Der Haufen Lethargie und die Wüste

Szenario:

Das stillschweigende Einvernehmen
über die Richtigkeit des Zustands der
Welt, das jeder in seinem Innern trägt,

so wie die Erziehung oder
eine Erinnerung, häuft sich
immer weiter an, bis schließ-

lich ein Haufen aus
dem Nichts entsteht, aus

dem nur hier und da ein
Arm oder ein Bein heraus-
ragt. Sie haben es so gewollt,

denn unter dem Haufen ist es bequem,
man sieht nicht die Außenwelt und hat

immer eine gute Ausrede
parat. Das Leben im Hau-
fen gestaltet sich allgemein

sehr angenehm, man kennt
sich, vor allem seine Nach-
barn und sowieso: Kennste

einen, kennste alle. So sieht es aus und man
weiß, dass man immer herzlich eingeladen
ist. Man kennt sich und man respektiert sich,

weil alle mehr oder weniger gleich sind und
außerdem der Haufen da ist, der alle vereint
als die größte und einzig nötige Gemeinsam-

keit. Alles andere
ist die Außenwelt, alles

andere ist der verbitterte
Realist, der einsam vor
sich hin mosert, der ein-

fach nicht mehr zum Haufen passt, der
sich viel zu weit vom Haufen entfernt
hat. Der Gedanke an die Außenwelt ist

unangenehm, ist unnötig, nicht zweck-
dienlich, spendet keine Freude (und im
Haufen ist man Utilitarist). Keinen Ge-

danken verschwenden – heißt die Devise, keinen
Moment mit der Realität verplempern und dabei
in die vom Haufen zur Verfügung gestellte Um-

gangssprache verfallen,
die schnell zum Dialekt
wird, danach zu Sprache,

und schon ist man abge-
schottet, alle kennen das
Gleiche, alle wollen das

Gleiche, nämlich das, was sie kennen.
Das macht den Haufen aus, das ist sein
Charakteristikum, was ihn als Haufen

qualifiziert, auszeichnet mit
selbsterfundenen Verdienst-
orden. Das ist der Haufen,

wie er leibt und lebt. Das ist der
Haufen, den man kennen sollte,
als Alternative zur verwüsteten

Realität, in der man einsam
durch eine abgekühlte Wüs-
tenlandschaft wandert, Schritt

für Schritt – like nobody is watching, dort,
wo man früher oder später seinen eigenen
Fußspuren im Sand über den Weg läuft und

feststellt, dass man inzwischen im Kreis läuft.
Läuft man jemandem über den Weg, der auch
durch die Wüste irrt, gibt es kaum noch was

zu sagen, denn jeder Gedanke
wurde bereits ausgesprochen
und außerdem wäre man sich

sowieso immer einig über den
Zustand der Welt, während die
Haufenleute es sich gut gehen

lassen.

Das ist der Haufen,
der Haufen aus Lethargie,
mitten in der Landschaft,
geformt zur Zivilisation.

Bewusstsein

Als sich mein
Bewusstsein
außerhalb meines
Körpers befand,

sah ich das volle Ausmaß davon,
wie lächerlich ich mich benahm.

Es war eine ganz
besondere Erfahrung.
Ich weiß nicht mehr,
wie es mir gelungen ist,

nur noch, wie es sich angefühlt hat.

Ich beschloss,
etwas grund-
legend zu ändern,
was für mich bisher

immer selbstverständlich gewesen
war. Als sich mein Bewusst-
sein außerhalb meines Körpers
befand, wusste ich plötzlich

auf eine seltsame Art und Weise
über mich Bescheid.

Die Transparenz des Fensters
eines Hochhauses

Durch die Transparenz des Fensters
eines Hochhauses erkenne ich

einen scheinbar unendlich langen Bahnsteig

in der Dunkelheit, in der sich
sonst nichts abhebt außer
diese vielen, vielen Meter,
auf denen nur ein einziger

Mensch geht

– zufällig an der Stelle, an

der
der

Zug hält.

Der Zug fährt ab
und der Steig ist leer,
so weit ich gucken kann.

Ich starre
noch eine Weile durch die Dunkelheit
auf den Steig

und keiner kommt
und keiner geht

– nur ich selbst bleibe,
bis auch ich irgendwann
das Fenster verlasse,
hinter mir lasse und

– verschwinde in den
hinteren Bereich der Wohnung,

und

gegenwärtig ist ein Gedanke,

nämlich,

dass da morgen
wieder ganz viele Menschen sein werden.

1991

Ich sehe ein Metallteil,
das 1991 produziert wurde,
und ich bin beeindruckt
von der Beständigkeit
der Dinge.

Direkt vom Fenster des Waggons aus

sichtbar,
beeindruckend,

als wollte man ein Denkmal setzen,

doch außer der Zahl war nichts zu lesen

auf dem Stahl,

nicht eingraviert,
nicht eingestanzt,
nicht aufgeschrieben,

Jahr für Jahr,

um das Baujahr anzuzeigen,
um den Gedanken zu erhalten,
um die Wartung zu gewährleisten,
um es beständig zu machen.

Und so rennt einer, der den Auftrag hat,
jedes Jahr mit Farbe und Schablone
zu der Stelle und malt zu der Zahl
1991 auch den Namen eines Herstellers

auf das Metall.

Der Hersteller bildet schon lange
keinen Betrieb mehr. Sein Name

gibt nur noch Aufschluss

über die Zusammensetzung und das Modell.
Das Unternehmen ist schon lang geschlossen,

die Fertigungshalle abgerissen,
längst nicht mehr das,

was sie mal war,

obwohl sie irgendwann mal
dieses Teil entwickelt hat,

1991.

Beim Verlassen eines Raumes

Als ich den ersten Hauch des Tages spürte,
ging plötzlich die Sonne auf.

Es war ein
Moment der Klarheit,
in dem ich ein grünes Baugerüst
an einem warmen Herbstmorgen sah.

Die Fensterscheibe
(durch welche ich das Gerüst sah)
war dreckig,
verzerrte leicht
das immer noch erkennbare Bild.

Jemand lächelte mich an.

Beim Verlassen des Raumes
und beim Betreten eines anderen
stellte ich fest,
dass das Gerüst eine Brücke war
(zwischen zwei Häusern, zwei Dächern).

Das hat mich übernatürlich stark beeindruckt.

Alle Systeme und Ordnungen
öffneten sich von selbst
und ich erkannte das Detail,
sprang hoch und hatte einen Überblick.

Da stand ich dann
auf einem Ast
und schaute auf eine Lichtung.

Da stand ich dann
hoch oben über der Welt
– für einen Moment,
nachdem ich plötzlich
etwas Gutes erkannt hatte.

Die Vergangenheit war bieder,
die Zukunft neurotisch.

Im Allgemeinen
hält sich der Verdacht,
dass die Zeit
keine Aneinanderreihung
mehrerer Abschnitte ist.

Mein Traum ist gemeinhin vielfältig.

Ich verlasse einen Raum
und betrete einen anderen.
Dieser Raum ist draußen.
Freies Feld.
Zurück in der Gegenwart.

Schlichtes Gefühl.

Die Begegnung

Du bist an mir vorbei-
gegangen und ich
habe gleich gesehen,

dass du ein

besonderer Mensch bist.

Diesen Eindruck
hatte ich, weil du
dich nochmal umgedreht
und grundlos gelacht hast.

In dem Moment dachte ich,
dass wir uns vielleicht kennen
könnten. Auch wenn dem nicht

so war, war es

für einen kurzen Moment lang so.

Vielleicht sind wir uns
schon einmal begegnet,

in grauer Vergangenheit,
im Gewitter des Heranwachsens,
in einem längst vergessenen Traum.

Vielleicht kennen wir uns nicht,
sind uns noch nie begegnet,

sind nur ähnlich im Kern,
im Verständnis der Welt,
im Temperament.

Vollständig kann ich
dich nicht kennen,
vollständig kann ich
dich nicht nicht kennen.

Vollständig war nur dieser Moment.

Die Kulisse vor mir

Die Kulisse vor mir
ist täuschend echt.
Ich taste mich vor,
doch berühre keine

Leinwand. Das Bild
ist kein Bild, das Bild
ist ein weiter Raum,
das Bild ist Realität.

Die freien Felder gehen bis zum Wald,

sind grün,
sind weit,
sind weit,
weit draußen.

Die hügelhafte Anordnung
schafft eine Symmetrie im
Durchschnitt vieler, grüner
Mini-Berge, alles ist im Lot.

Der Weg, der das Bild zer-
schneidet, geht von unten
links nach oben Mitte und
verliert sich schließlich in

der Himmelsrichtung,
in der ich nicht oft war,
zu Fuß wäre es zu weit,
doch den Versuch wert.

Dieses Landschaftsbild
ist immer dort gewesen,
nur über die Straße und
dann etwas den Berg

rauf, da lag es dann.

Dieses Bild hängt nicht im Museum,
dieses Bild hängt nicht an meiner Wand,
dieses Bild klebt nicht in einem Fotoalbum,
dieses Bild ist nicht in einem Fotobuch.

Dieses Bild hat die Natur gemalt,
die Natur hat dieses Bild gemalt,
so oder so: Es ist da. Man kann
es nicht kaufen, man muss raus.

„Dieses Bild ist leider unverkäuflich."

Tag nach einem Hochgefühl

Auf dem Tisch steht
eine halbgetrunkene
Flasche Bier, völlig
verschalt, als Relikt

aus längst vergangenen
Zeiten: von gestern.
Der Alltag schreit mich
an, der Morgen dämmert

draußen,

ohne Rücksicht. Der
Alltag ist ein Fließband
und reißt mich wieder mit.

Auf der Arbeit,
noch leicht schwankend,
nehme ich meine Rolle ein,
mit gekonnter Leichtigkeit.

Da ist plötzlich
hier und da
ein Schwanken,

reißt mich aus dem Konzept,
reißt mich aus der Konzentration

auf nichts.

Plötzlich vergegenwärtige ich
den Bezug zwischen mir und

den anderen.

Sie
starren mich an,
erwarten,
spüren,

wie die Zeit verstreicht,
während ich nichts tue,
mir einen Fluchtplan
zurechtlege und
mich mehr
oder
minder
aus dem
Staub mache.
So ward ich nie
wieder gesehen, man
sagt, ich sei in Kanada,

würde ein Geschäft
für Nagelpflege betreiben.

Unter uns gesagt:
Ich weiß noch immer nicht,
was ich eigentlich tue.

Beobachtung:

Ich mache etwas, was ich
im Grunde selbst nicht
verstehe, was mein
Dasein noch

eigentümlicher macht,

als es durch die
menschliche Natur
sowieso schon ist. Dabei

fing der

Tag zunächst sehr
unnachdenklich an.
Meine Distanz zu
dir ist plötzlich un-

fassbar groß, mein
Bedürfnis nach Ferne
ebenso. Als ich vor einer

Stunde darüber nachdachte, auszugehen,

waren da erstmal
keine Menschen,
sondern nur das
Verlangen danach,

jemand zu sein, der
unterwegs ist. Wenn
ich Stock und Hut
hätte, würde ich sie

nehmen und nach
draußen gehen.
Leider fehlt mir
dazu das passende

Equipment. Da fällt mir plötzlich
auf, dass ich das Nichtstun genauso

wenig verstehe. Also

mache ich etwas, was ich
(wie gesagt)
im Grunde selbst nicht
verstehe, was mein
Dasein noch

eigentümlicher macht.
Weiter, bis in die tiefe,
tiefe Nacht. Ende.

Traum von dir

Ich hatte einen
Traum von dir,
in dem ich nicht
genau wusste,

wer oder was

du für mich bist.
Dein Charakter
vermischte sich
mit ausgedachten

Fantasieprodukten, somit
war deine Persönlichkeit
austauschbar geworden.

Alles,
was passierte,
war in einer
gefühlvollen
Neutralität
verschwommen,
in der wir alles
hätten sein können
und alles
hätten tun können.

Dieser Traum
gibt mir keinen
Aufschluss über uns,
er belässt eben
alles so,
wie es vorher
schon gewesen ist:
Neutralität.

Eine Frage

Ich reduziere dich
auf das Erste, was
ich von dir weiß.
Dabei könnte es

doch sein, dass du
so viel mehr bist.
Nur: Wie kann ich
denn alles von dir

wissen? Also über-
lege ich mir, was
das Wichtigste sein
könnte, und frage

dich:

Warum stehst du morgens auf?

Deine Antwort spielt keine Rolle,
nur, ob du mir eine gibst, denn
falls du darüber nachdenkst,
weiß ich Bescheid, wenn nicht,

dann auch.

Also:

Warum stehst du morgens auf?

Gutseinlassen

Gutseinlassen
– beschließen,
dass es gut ist,
ein für alle Mal.

Nichts

Nichts,
gar nichts,
Miniwellen-
rauschen,
stiller See,
nichts,
Raschel-
wind im
Wald
ringsum,
sonst
gar nichts.

Wenn
da nichts
ist, kann
nichts ver-
loren gehen,
weil nichts
wirklich
wichtig ist,
wenn da
nichts ist,
nichts, ein-
fach nichts.

Das Königreich

Als er nicht
mehr wusste,
was er tun
sollte, wurde

ihm schlagartig klar,
dass er schon lange
alles erledigt hatte.

Diese unfassbare
Bedeutungslosigkeit der Dinge
erschlug ihn,
dass er niederging auf die Couch,

die fortan sein Königreich sein sollte.

So wurde er alt. Und tat nie wieder etwas.

Ende.

Nachtbus

Jetzt im Dunkeln,
wo ich die Gegenwart
als vergangen empfinde,
gibt es keine Nostalgie,
es ist still.

Busfahrt.

Nur der Motor rattert,
stetiges Schunkeln,
hin und her,
Sicherheitsleute
auf den vorderen Sitzen,
schweigend, anwesend,
eine brutale,
machtdemonstrierende
Fahrt durch die Dunkelheit
eines Randgebiets.

Die Fahrt ist nicht grade
elegant, wenn der Bus
durchs Dunkel donnert.

Es rattert und kracht.

Die Festhalteschlaufen
pendeln hin und her,
kein Rhythmus.

Nur der Gedanke an
das Vergangenheitsgefühl
der Gegenwart,
nur ein kurzer Augenblick.

(. . .)

Bild
oder: Dieses Bild hat keine Ecken

Was ich sehe, ist dein Pluralismus.
Er streckt sich über das Papier,
in sämtlichen der Welt bekannten

Farbtönen, überwiegend in
beruhigendem Blau/Grau
wie fließendes Wasser
in einer klaren Nacht.

Die Pinselstriche sind weich.

Dieses Bild
hat keine Ecken.
Aus diesem Bild
kommen Klänge
(rauschendes Wasser, piano).
Dieses Bild gibt mir
das Gefühl einer Hirnmassage,
leicht und intensiv.
Irgendwann
habe ich mich
in dieses Bild verliebt.

Der Moment

Was ich sehe, ist ein
Standbild von der
Welt, wo sich keiner

bewegt, kein Mensch,
kein Tier, denn es
ist Nacht,

spät, sehr
spät, so
spät, dass keiner
mehr unterwegs
ist außer mir selbst

als Rezipient. Ich warte,
dass etwas passiert,
aber es passiert nichts.

Da ich aber in freudiger
Erwartung bleibe,
bleibt mir auch der Moment

und bleibt und bleibt und bleibt ...

Erkenntnis

Seine Augen waren
weit aufgerissen,
als er in ihre sah,
weil er erkannte,
dass sie erkannte,
dass er erkannte,
dass sie erkannte,
dass er erkannte ...

Ende

Als der Tag im Begriff war,
etwas anderes zu werden,
als er eigentlich sollte,
beschloss ich,
meine innersten Bedürfnisse
hintanzustellen,
während der Rest von mir
in einer eigentümlichen
Dekadenz zu verschwinden schien,
wie auch mein Gemüt

in der Masse meiner Vorstellungen,
die ich mit mir herumtrage: imagine.
Darauf folgte nur noch der Moment,

sonst nichts
außer einem kleinen bisschen Ehrgeiz,

der mich dazu inspirierte,
das alles aufzuschreiben,
und hier ist es nun.
Ende.